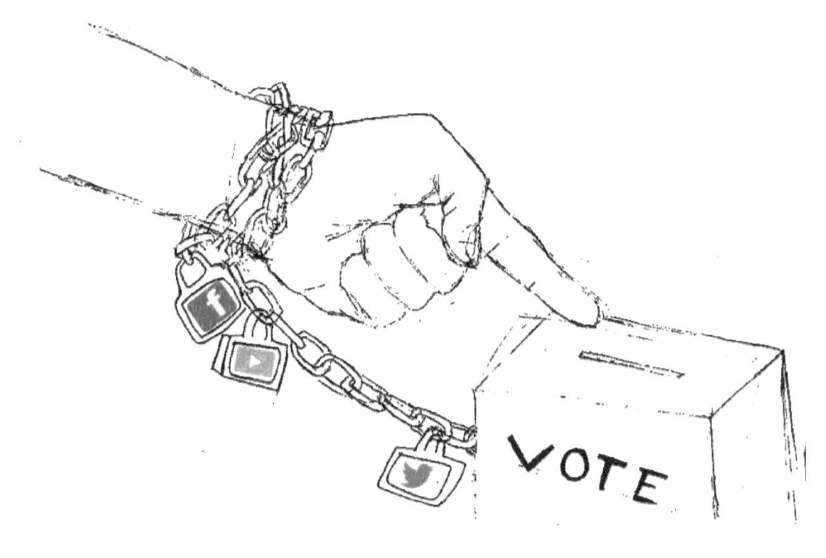

VOTE

Soy Gerson Morales y soy un *"growth hacker"*, la traducción al español de esta palabra es hacker de crecimiento, pero yo prefiero traducirla como: Ingeniero en Mercadotecnia.

Mi trabajo durante el último par de años ha consistido en llevar a los pequeños y medianos negocios al mundo de las redes sociales. Conozco de primera mano el poder del "Social media", y te puedo asegurar con plena confianza que, ¡LAS REDES SOCIALES SÍ VENDEN!

Mi primer acercamiento al mundo del marketing digital sucedió como un encuentro de amor a primera vista. Te contaré como sucedió: Tenia 20 años y vivía una fuerte crisis económica, así que tuve que abandonar mis estudios universitarios en ingeniería mecatrónica -nada que ver con el marketing y las comunicaciones-. Al no encontrar ningún trabajo decentemente remunerado pensé en fabricarme uno. Para mi suerte, en aquellos años era un joven prodigio de las matemáticas, por lo cual decidí montar un negocio de asesorías educativas para estudiantes de preparatoria e ingeniería. Mi primera estrategia fue imprimir 800 volantes y repartirlos a las afueras de una preparatoria de mi ciudad, pero ¡sólo conseguí tres clientes! Más adelante noté el auge de las redes sociales; en consecuencia, creé una página en Facebook, hice una sola publicación la cual se volvió viral: se compartió 300 mil veces y fue comentada por 3 millones de personas. Esta publicación ocasionó que 80 mil personas le dieran *LIKE* a mi página de Facebook y me consiguió más de

300 clientes no solo de México, sino de diferentes partes de Latinoamérica y España. ¿Sabes que fue lo mejor de todo esto? No me costó ni un centavo.

Fue en ese momento de mi vida que descubrí la inmensa oportunidad que representan las redes sociales y los *bits* (datos), y fue allí cuando decidí dedicar mi vida a tomar productos y servicios para llevarlos al mundo digital y garantizar su éxito.

Pero ¿por qué te estoy hablando de negocios y productos, si este es un libro con un enfoque político? Porque en política tus clientes son tus votantes, y tu **PRODUCTO** eres tú o tu partido.

Las mismas estrategias que utilizo para que un consultorio dental, una *barbershop*, una academia o un *e-business* obtenga nuevos clientes, son las mismas que te voy a enseñar a aplicar en tu estrategia de comunicación política en redes sociales: ¡PORQUE SON LAS QUE FUNCIONAN!

Escribí este libro con la intención de proporcionar una guía rápida y eficaz a los diferentes partidos políticos y/o candidatos independientes, acerca de cómo utilizar las redes sociales a su favor, con el fin de impulsar sus campañas políticas y promocionar sus propuestas. Sin embargo, este libro también es una guía para cualquier persona que tenga la intención de promover su negocio a través de las redes sociales. Incluso si no eres un allegado a la política o los negocios, con este libro comprenderás cómo las redes sociales manipulan el inconsciente colectivo de las personas, y cómo éstas influyen desde tus decisiones electorales hasta en la pasta dental que elijes en el supermercado.

En este libro explicaré las estrategias que se utilizan para ganar la confianza o desconfianza de la audiencia en redes sociales, algunas no son nada éticas, dependerá de ti implementarlas o no, yo sólo me limitaré a describir la situación actual y también te propondré nuevas formas de seducir a la audiencia.

Voy a contestar las polémicas preguntas: ¿Las redes sociales ganan elecciones? ¿Cuál es el futuro de la política en la era digital? ¿Las redes sociales están mejorando o empeorando el ambiente político? *Spoiler*: lo mejoran.

"Las formas cambian, pero no los conceptos" – Gerson Morales

Hace algunos años no existía Facebook, ni YouTube, incluso el uso del internet era exclusivo para el ámbito militar. Puede ser que en un par de años las redes sociales que conocemos como las más populares, sean remplazadas por otras, como ya ha sucedido en el pasado, por ejemplo, MySpace y Tuenti.

Vivimos en un mundo extremadamente cambiante, sin embargo, he notado que, aunque las formas de relacionarnos han cambiado, los conceptos o pilares ideológicos siguen siendo los mismos de hace 100 años atrás o más. Por ejemplo, se podría decir que siguen existiendo los nobles y el pueblo llano (plebeyos), solo que ahora los llamamos: clase social alta y clase social baja. Y en cuestión de política, el tema gira en torno a la alianza de las personas, al igual que hace miles de años, sólo que ahora no nos matamos entre nosotros -al menos no de la misma manera-. La publicidad sigue siendo la publicidad, sólo que ahora se despliega a través de un nuevo medio.

Por estas razones y muchas otras que el lector irá descubriendo, decidí escribir este libro; el cual está estructurado básicamente en dos partes: una teórica o conceptual y otra práctica. Puede que nuestro entorno cambie, pero las bases ideológicas siguen siendo las mismas y difícilmente van a cambiar. Con la parte teórica de este libro aprenderás a utilizar los conceptos que propongo, y llevarlos a diferentes ambientes; y con la parte práctica implementaras algunas de las estrategias más efectivas para promocionar tu producto en las redes sociales. Con el objetivo de que lo aprendido sea funcional y que las ideas que aquí se muestran puedan perdurar por muchos años más, incluso si Facebook deja de existir.

Capítulo 1. ¿De dónde venimos y a dónde vamos?

Quiero comenzar el primer capítulo de este libro relatándote una breve historia acerca del *Poder*. Esta simple palabra tiene diferentes connotaciones, algunas positivas y otras no tanto. Por ejemplo, implica la capacidad de someter al prójimo a tu voluntad; la facultad para realizar una determinada acción o simplemente la autoridad de hacer que las cosas sucedan. Dado que este libro tiene un enfoque político y mercadológico vamos a definir al *Poder* como "la capacidad de organizar y dirigir a un conjunto de personas".

Para bien o para mal, la historia del hombre ha sido la historia de la búsqueda del poder. Desde que las primeras comunidades de hombres pensantes se organizaron ha existido el liderazgo, por ejemplo, en la naturaleza el macho alfa, y de manera inherente a éste ha existido el poder.

Existen tres etapas bien marcadas en la historia de la humanidad acerca de quienes han ostentado el poder. Vamos a revisarlas brevemente, comenzando desde la edad media y terminando en la actualidad o edad contemporánea.

- **La Monarquía y el feudalismo:** los dueños de las tierras.
- **La burguesía y el surgimiento del capitalismo:** los dueños de los medios de producción.
- **La revolución industrial y la era del internet:** los dueños de los medios de información.

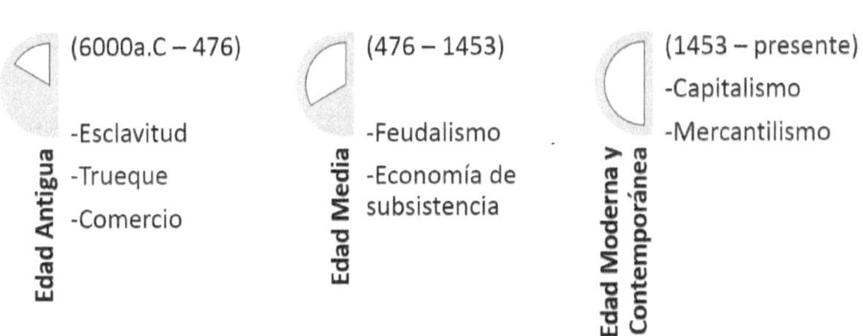

La monarquía y el feudalismo

Estamos progresando. En la edad media me habrían quemado y ahora se conforman con quemar mis libros. Sigmund Freud

Esta etapa en la historia de la humanidad está marcada por la presencia de grandes Reyes. ¿Y quiénes fueron los reyes? Un rey era un ministro de Dios. Es decir, un rey se proclamaba como un ser divino, cuyo poder de gobernanza emanaba de Dios. Sólo el rey tenía el derecho legítimo de utilizar la violencia, estar armado, y su juicio era el definitivo. Los ciudadanos debían confiar y obedecer con fe ciega en ellos, debido a que eran los guías, justicieros y los encargados de mantener el orden en las ciudades. El conjunto de ciudades gobernadas por un rey se llamó reino.

Esta supuesta divinidad era de carácter hereditario, y con la muerte del rey le sucedía su primogénito. Solamente la familia con sangre real tenía la capacidad de gobernar el reino. En aquella época cuestionar al rey era igual a cuestionar a Dios. Y este pecado era castigado con la muerte. Un ejemplo de ello se percibe en el siguiente extracto del Discurso de Luis XV al Parlamento de París en 1766.

Es sólo en mi persona donde reside el poder soberano, cuyo carácter propio es el espíritu de consejo, de justicia y de razón; es a mí a quien deben mis cortesanos su existencia y su autoridad; la plenitud de su autoridad que ellos no ejercen más que en mi nombre reside siempre en mí y no puede volverse nunca contra mí.

Durante esta época surgieron los señores feudales: miembros de la nobleza, del clero o de la familia real, eran dueños de grandes porciones de tierras (feudos) y todo lo contenido en ellas estaba bajo su jurisdicción. La base económica de este sistema político social, conocido como feudalismo, era la explotación de los campesinos y artesanos. Esto quiere decir que cada campesino debía pagar parte de su producción agrícola al señor feudal y a la vez los señores feudales debían jurarle lealtad y protección al rey; éste, por su parte tenía que obedecer al clero, ya que la iglesia era la encargada de nombrar o excomulgar reyes.

Como podemos observar los reyes y los señores feudales obtenían su poder de la tierra, pero no la trabajaban. Este trabajo era realizado por los campesinos, quienes trabajaban los campos desde el amanecer hasta el anochecer, durante todo el año, y además de producir alimento para su propio consumo debían de pagar una parte en tributo al rey, al señor feudal y al clero.

Con la llegada de la Modernidad, se mejoraron las técnicas de producción agrícola y los campesinos tenían excedentes en sus cultivos (a pesar de seguir pagando impuestos a los reyes y señores feudales). Es bajo esta condición que durante el siglo XII se desarrolló el comercio en las ciudades, y con éste aparecieron grandes asociaciones de personas llamadas gremios. Un gremio era una comunidad de personas que practicaban un mismo oficio (alfareros, joyeros, herreros etc.), la principal función de los gremios era proteger los intereses de sus miembros. Los gremios controlaban la calidad y el precio de los productos, también proveían una plataforma de aprendizaje para aquellos que quisieran integrarse al gremio. Además, evitan la competencia con grupos artesanales extranjeros y cuidaban de sus miembros o de sus familias cuando alguien moría o no podía trabajar.

Al reactivarse el comercio, las ciudades y los gremios cobraron gran importancia; así, se inventaron nuevas técnicas bancarias como el pago a crédito. Estos cambios originaron el surgimiento de una nueva clase social, los llamados burgueses.

La burguesía y el surgimiento del capitalismo

Ni dioses ni reyes, solo el hombre. Andrew Ryan

Política sin alianzas, no es política. Gerson Morales

Los burgueses no eran señores feudales, pero tampoco eran siervos ni esclavos. Vivían en barrios adyacentes a las ciudades conocidos como burgos, y fue allí donde floreció la especialización de los trabajos y la economía monetaria. Esta nueva clase social abandonó su condición de campesinado y se posicionó en puestos como banqueros, comerciantes y artesanos. A pesar de que esta clase social no estaba ligada a la posesión de las tierras ni tenía la posibilidad de gobernar (debido a su condición de plebeyos), con el paso del tiempo muchos se fueron haciendo ricos y prósperos.

Fueron los burgueses los que empezaron a comercializar sus productos en diferentes reinos. Establecían rutas comerciales terrestres y marítimas, y poco a poco consiguieron tener influencia sobre los reyes, llegando incluso a prestar dinero a estos para financiar sus campañas militares.

Imagina por un momento que eres un burgués con tanto dinero como para prestar dinero a reyes y financiar campañas de exploración marítima. ¿Qué más podrías desear? Pues bueno, la única respuesta a esta pregunta es: la capacidad de gobernar ciudades.

Los burgueses cayeron en cuenta que la razón por la cual los reyes estaban en el poder era por una simple ideología, y que para derrocarlos debían combatir dichas ideas. Es en este punto que el burgués inicia una revolución de ideas entre los campesinos y plebeyos. La corriente de ideas que promovían atacaba directamente a la religión y a los monarcas. Ellos decían "la soberanía no emana de Dios, ni de los reyes impuestos por la iglesia. sino del propio pueblo que tiene la capacidad de autogobernarse".

En esta etapa de la historia surgen diferentes movimientos que incitaron al pueblo a revelarse en contra de los monarcas y del clero, por ejemplo, la revolución francesa. Con este movimiento surge el protestantismo y acontece que muchos reyes pierden la cabeza -literalmente les cortan la cabeza- a manos del pueblo. Finalmente caen las monarquías y surgen nuevas formas de gobierno "democrático" aunque, la burguesía y la nobleza seguirían dictando el destino de los pueblos.

No es por la benevolencia del carnicero, del cervecero y del panadero que podemos contar con nuestra cena, sino por su propio interés.
Adam Smith

La Revolución Industrial se inició en el siglo XVIII en Reino Unido, y consistió en la especialización de la mano de obra, la automatización y la sistematización de los procesos de producción mediante la invención de maquinaria y las metodologías de trabajo eficiente; con ello se propició la producción masiva de artículos para comercializarlos con el mayor número de personas posible.

El mundo como lo conocemos es resultado de la Revolución Industrial y del empoderamiento de los burgueses. Esta revolución trajo consigo los cambios más importantes que ha vivido el ser humano en los ámbitos económicos, sociales y tecnológicos; los seres humanos pasamos de habitar en sociedades rurales, cuya economía estaba basada en la agricultura, a sociedades urbanizadas e industriales.

Antes de la revolución industrial, la condición de vida promedio del hombre -bajo una óptica moderna - fue la miseria. Y es que, en las sociedades rurales todos los integrantes de la familia tenían que trabajar para cultivar sus alimentos, no había días de descanso. No existían los medicamentos, y la esperanza de vida promedio durante la Edad Media y hasta el siglo XIX, era de 31 años.

Todo esto es muy lógico, hoy en día una persona de clase media vive con mayor comodidad que los reyes o nobles de la Edad Media, incluso una persona de clase media, en la actualidad, tiene la posibilidad de acceder a ciertos lujos de manera más rápida y sencilla que el hombre más rico del mundo de hace 500 años atrás. A nosotros no nos tocó viajar durante meses para llegar a otra nación, podemos llegar en cuestión de horas a otro continente tan sólo pagando un boleto de avión; nuestra esperanza de vida prácticamente se triplicó y podemos consumir alimentos traídos de diferentes regiones del mundo a un precio infinitamente reducido si lo comparamos con el esfuerzo de viajar a aquella región para conseguir dicho alimento.

¿Cómo es posible que la humanidad sufriera este cambio tan drástico en tan sólo 300 años? Por la ambición insaciable de los burgueses, los cuales siempre están en una carrera de mejora continua, compitiendo para reducir costos, ofreciendo el mejor producto o servicio, ofreciendo tecnología de punta o encontrando nuevas formas de llevar su producto al mayor número de personas.

Esta carrera de mejora continua los ha llevado a acelerar el desarrollo tecnológico; hoy en día podemos adquirir computadoras, *smartphones*, automóviles, cosas que al inicio de su fabricación estaban reservadas para las elites sociales, solamente los ricos podían permitirse adquirir dichos artículos, sin embargo, en la actualidad son de consumo masivo y prácticamente cualquier ciudadano de un país desarrollado posee uno.

"La ciencia y la tecnología al servicio de la humanidad, la humanidad al servicio del producto comercial de moda, y el producto comercial de moda al servicio de los consumidores (tú y yo querido lector)" Es cómo describiría a la sociedad actual.

El desarrollo de la tecnología es un parteaguas entre el antes y el después del hombre moderno. El sector tecnológico que mayor crecimiento ha tenido en los últimos 50 años es el informático. Prácticamente cualquier actividad que realices en el mundo físico pasa por un proceso informático; desde una minúscula goma de mascar comprada en la tienda de la esquina, hasta el control del tráfico aéreo se gestionan mediante programas informáticos.

Entre las 10 empresas más valoradas del mundo encontramos que las primeras 5 se dedican a la innovación en tecnologías de la información: Apple, Google, Microsoft, Amazon y Facebook. Ya hay un claro ganador en la guerra por el poder: las empresas de tecnologías de la información. Me basta decirte que Apple tiene más dinero en efectivo que todo el PIB anual de países como Chile o Qatar; además de la influencia que dichas empresas tienen sobre la política de las diferentes naciones. Piénsalo por un momento, aunque no te hayas percatado de esto en el pasado, tú eres un ciudadano de Apple, de Google, de Facebook, de Netflix o de cualquier otro servicio informático que consumas, y dichas empresas tienen ciudadanos en todo el mundo.

Capítulo 2. El efecto red

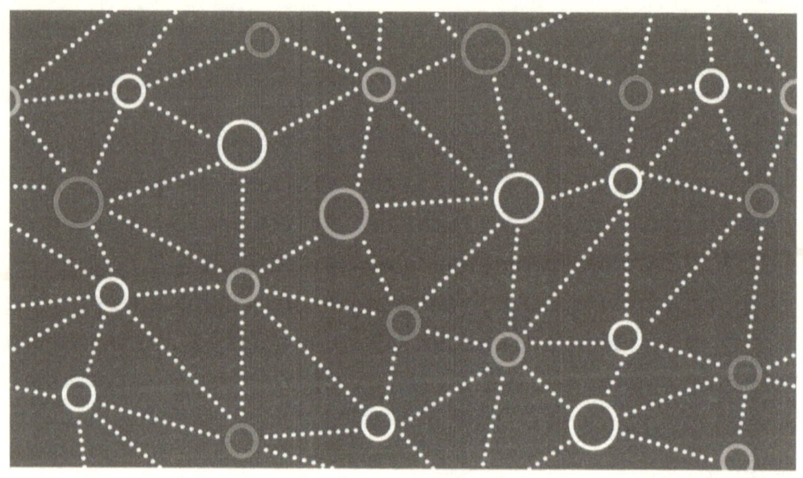

He decidido escribir todo un capítulo del *Efecto red* debido a su gran importancia tanto en la mercadotecnia como en los negocios, la política, la economía y el desarrollo de las sociedades actuales.

El término *Efecto red* se usa para describir situaciones en las que el consumo por parte de un individuo, de cierto producto o servicio, favorece o propicia el consumo de otro individuo.

Uno de los ejemplos más cotidiano que puedo darte es el de los teléfonos celulares. Imagina por un momento que tus familiares y amigos no tuvieran teléfonos celulares, ¿tendría caso comprar un teléfono? ¿A quién llamarías, o con quién intercambiarías mensajes? Podemos observar que el valor de poseer un teléfono celular se incremente en tanto más personas posean uno de estos dispositivos.

Con el tiempo las situaciones que producen un efecto red también conllevan a un efecto de arrastre. En términos del ejemplo anterior podemos decir que entre más personas poseían teléfonos celulares, mayor era la cantidad de personas dispuestas a adquirir un teléfono. Esto debido a que el incremento de usuarios de dicha red genera un bucle de retroalimentación positiva. En pocas palabras, tiene más sentido adquirir un teléfono celular cuando tus amigos y familiares también poseen uno; lo mismo aplica para las redes sociales.

Aplicaciones en el marketing y negocios

Algunas empresas de tecnología comenzaron sus negocios sin producir ni un sólo centavo de ganancia, sin embargo, generaban un *Efecto red* entre sus usuarios, lo cual motivo a cientos de inversionistas a apostar su dinero por dichas empresas. Ejemplo de ellas son Facebook, Google y YouTube.

Veamos el caso de Facebook: dicha red social no logró monetizarse desde su concepción en 2004, hasta que el número de usuarios ascendía al orden de millones en 2006. Cuando muchas marcas se interesaron en pagar por publicidad en la plataforma de Facebook Ads. Lo mismo sucedió en el caso de Google y YouTube.

Un ejemplo más conservador sería el de los negocios multiniveles. La estrategia en estos negocios consiste en reclutar a una cantidad "X" de vendedores que se afiliarán al negocio. Dichos vendedores no sólo tendrán como objetivo comercializar los productos de la marca, sino afiliar a más vendedores para que estos hagan lo mismo. Los incentivos para llevar a cabo estas acciones son los siguientes:

*El vendedor gana comisiones por la venta del producto.

* Así mismo, gana comisiones por la venta de los productos de las personas que afilió a su red.

En última instancia todos los miembros del negocio -trabajadores indirectos- buscarán formar una estructura organizativa o "red" para incrementar sus ingresos. Cabe mencionar que en los negocios multiniveles generalmente se incluye un proceso de capacitación, el cual busca promover entre los afiliados el espíritu emprendedor e incentivarlos a vender más productos y afiliar a más personas.

Muchas personas se unen a esta clase de negocios multiniveles esperando obtener ingresos altos; sin embargo, terminan abandonándolos al poco tiempo, decepcionadas de los resultados. Alguna vez le respondí a un conocido que pretendía afiliarme a uno de estos negocios: "No es magia, es trabajo duro y dedicación lo que te hará prospero. Lo mismo aplica para el negocio al que pretendes afiliarme, incluso en cualquier otro".

Podemos usar el *Efecto red* a nuestro favor para promocionar cualquier producto, basta con crear una red de "afiliados", estos pueden ser tus amigos, compañeros de trabajo, familiares, militantes del partido al cual representas, empleados; dicha red de afiliados puede ser un grupo en Facebook, un grupo en WhatsApp o una lista de contactos en tu correo electrónico.

El primer paso es acordar con tus afiliados el proceso de trabajo: tu enviarás un link, una publicación en Facebook o cualquier otro contenido, y tus afiliados deberán dejar un comentario, un "Me gusta", y compartir la publicación. Es muy importante que tus afiliados no sólo se limiten a dejar un "Me gusta" en dicho contenido, ya que Facebook favorece la exposición de contenidos con un alto volumen de comentarios y deja a los *likes* o "Me gusta" en segundo plano.

Cabe mencionar que si tú, o tus afiliados no se sienten cómodos compartiendo el contenido promocional de tu producto -ya sea un partido político, un candidato o un producto comercial-, no funcionará de la manera correcta; en primera porque el contenido no es atractivo o porque el producto es malo en sí mismo. Si llegas a estar ante esta situación mi mejor consejo es: cámbiate de partido político a uno al cual sí respetes, o si eres un agente de marketing vende un producto en el cual sí creas.

Aún si no puedes crear tu red de afiliados existen servicios de paga en la web que te ofrecen la posibilidad de contratar redes de afiliados, la vía es buscar la frase "marketing de afiliados" en Google, enseguida se desplegará la gran cantidad de empresas que se dedican a esto y que puedes contratar.

Incluso yo mismo ofrezco este servicio, si te interesa contratar una red de más de mil afiliados dispuestos a compartir y comentar tu contenido puedes enviarme un correo electrónico a: contacto.gerson.mexico@gmail.com y con gusto te daré informes sobre nuestro servicio.

Tener una red de afiliados detrás de un producto le da notoriedad; sin embargo, no conlleva necesariamente a que tus contenidos sean virales. De cómo hacer precisamente que tus contenidos se viralicen hablaré en el capítulo 6.

¿Cómo las Redes Sociales han cambiado al mundo?

Las tecnologías más importantes son las que desaparecen: las que se entrelazan con el tejido de nuestra vida cotidiana hasta que no son distinguibles de ella. Mark Weiser

El futuro ya está aquí, y es digital. Anónimo

Para hablar de cómo las Redes Sociales han cambiado al mundo, primero es preciso hablar de cómo el internet cambió y sigue cambiando al mundo. En la época dorada de la radio y la televisión los publicistas podían darse el lujo de tratar al consumidor como a un tonto; es decir, existía una regla invisible que ostentaban las empresas, la cual era: el consumidor no sabe que es lo que compra y entre menos conozca es mejor.

En 1949, existía un comercial que promocionaba un lápiz labial de la marca francesa *"Tho Radia"*, lo peculiar y peligroso de

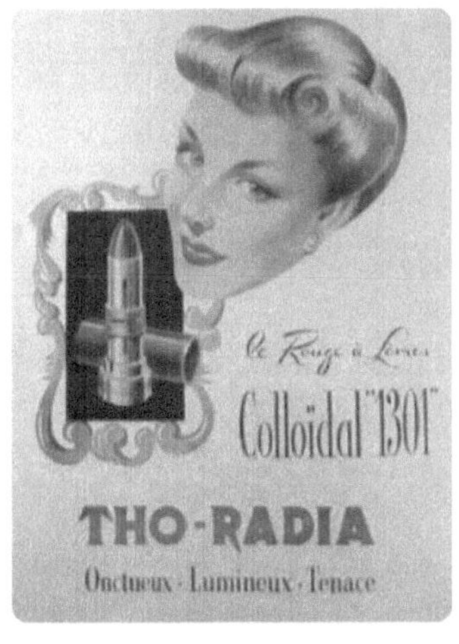

este cosmético era que contenía radio y torio (elementos radiactivos y tóxicos para la salud). En ese punto estaba la desinformación y la inmoralidad en aquellas épocas. También debemos recordar que, en aquellos años, las regulaciones por parte de los gobiernos a los medios de comunicación y la protección a los consumidores eran casi inexistentes, y por lo tanto se podía crear cualquier tipo de artículo publicitario; por ejemplo, el que anunciaba dicho labial:

Otro factor importante era la desinformación entre la población; muestra de ello era que en aquellos años no había manera de comparar si un "jabón de baño" era mejor que "otro". La única manera de conocer la calidad de un producto era adquirirlo o mediante el "boca a boca", lo cual limitaba el conocimiento de los consumidores a su región de influencia; es decir, sus vecinos, familiares y amigos.

Hoy en día si una marca decide crear publicidad engañosa es muy probable que un número pequeño de consumidores caiga en su trampa y sólo sería por un día, ya que el resto de los días del año tendrá a toda una audiencia global destruyendo a su empresa, llenando foros y Redes Sociales con comentarios negativos para que nadie más vuelva a consumir dicho producto. De la reputación digital hablaré con más detalle en el capítulo 7, en el cual te mostraré cómo gestionar una crisis en las redes sociales, y por qué es importante cuidar tu identidad ya sea si tu producto es una marca comercial o un candidato político.

La publicidad se limitaba al duopolio de la radiotelevisión, las marcas que se promocionaban por estos dos medios tenían el éxito prácticamente asegurado. Todo esto cambió con la llegada del internet, de repente el público tenía acceso a cualquier tipo de información en cuestión de segundos; podían comparar precios, leer opiniones de los productos y servicios, y en la actualidad, los consumidores pueden ver la experiencia de uso retratada a través de un video en YouTube.

Gracias a estos cambios los consumidores sufrieron un empoderamiento, el acceso a la información obliga a que las marcas sean lo más tan transparentes posibles; ahora es el consumidor quien decide cuál producto comprar, inclusive decide si comprarlo en el centro comercial de su localidad o pedirlo por internet en un sitio de comercio electrónico

[**comercio electrónico:** compra y venta de productos a través de internet, en Latinoamérica y en el mundo los más importantes son Amazon, Alibaba, mercado libre, eBay...]

Esta tendencia cada día va en aumento, yo mismo antes de comprar cualquier cosa reviso su precio en Amazon como primera opción, después visito el centro comercial de mi preferencia y busco el mismo artículo, lo escudriño, reviso sus características y si está más barato en Amazon, concreto mi compra por ese medio.

Todas estas transformaciones sociales propiciadas por las TICs (tecnologías de la información y comunicación) forman parte de lo que se conoce cómo la *Sociedad del Conocimiento*. Este concepto no sólo hace referencia al avance exponencial de la informática, sino que abarca las nuevas revoluciones sociales que se están presentando en todo el mundo. El conocimiento reside en las personas y no puede ser comprado con dinero, quienes poseen conocimiento poseen poder; la Sociedad del Conocimiento modifica la forma en la que nos comportamos, la manera en que consumimos, las estructuras sociales, la economía y la política. Todo esto lo plasma en una frase el fallecido escritor Alvin Toffler: *"Los analfabetos del siglo XXI no serán aquellos que no sepan leer y escribir, sino aquellos que no puedan aprender, desaprender y reaprender"*.

Ahora que conocemos cómo el internet, ha cambiado al mundo, centremos nuestra atención en cómo las Redes Sociales están cambiando al mundo. ¿Puedes imaginar un día de tu vida sin Facebook, WhatsApp o YouTube? Si tienes menos de 25 años la respuesta seguramente será un rotundo NO. Las Redes Sociales se han convertido en una parte importante de nuestras vidas; para las empresas y gobiernos se han vuelto un canal de comunicación útil para promoverse.

Twitter y Facebook se han vuelto nuestros nuevos periódicos, generalmente es en estos dos sitios donde la gente se entera de lo que está ocurriendo en el mundo, de noticias y acontecimientos relevantes y algunas veces de *fake news*: aquellas noticias falsas con fines propagandísticos. Las Redes Sociales permiten la comunicación instantánea entre tus amigos, familiares, compañeros y conocidos: chats, video llamadas, publicaciones, blogs personales, videos en vivo, entre otros. Y no sólo eso, además amplifican el mensaje; es decir, con oprimir un botón todos tus contactos se pueden enterar de las cosas que estás haciendo o de tu opinión respecto a cierto tema.

En el ámbito empresarial las Redes Sociales han permitido a las diferentes marcas establecer un vínculo de comunicación con sus clientes, gracias a ellas se puede escuchar la opinión de un consumidor con respecto a un producto en cuestión de segundos; y para el comercio electrónico se han vuelto un canal de promoción para los diversos productos y servicios existentes. Quizás uno de los efectos más importantes es en el ámbito político: la participación ciudadana se ha incrementado notablemente, las personas comentan, debaten, opinan y se unen a movimientos políticos de diversas índoles.

Según datos del Instituto Nacional de Estadística y Geografía (INEGI) en México en el año 2017:

- ❖ 60% de la población hace uso de internet.
- ❖ El 85% de las personas en rangos de edad de 18-24 años están conectadas a internet.

❖ 9 de cada 10 personas con estudios universitarios (licenciatura) hacen uso de internet.
❖ 4 de cada 5 internautas cuentan con estudios de nivel medio superior (preparatoria o bachillerato).
❖ Sólo el 48.7% de personas con un nivel de estudios básico (primaria y secundaria) hacen uso de internet.
❖ El 89% de los internautas hacen uso de la red de redes para comunicarse y el 84.5% para obtener información.

El uso de internet alrededor de los procesos electorales a nivel mundial ha cambiado la forma en la que los candidatos políticos se comunican con la población. Según datos de la Asociación de Internet Mx: "Para los internautas interesados en los procesos democráticos, las redes sociales son la primera fuente de consulta en materia política". Así lo detallan las siguientes cifras:

❖ 97% consultan las noticias en redes sociales.
❖ 79% en sitios de noticias.
❖ 85% de ellos buscará las propuestas de campaña de los candidatos a puesto de elección popular.
❖ 77% buscará información sobre los actores políticos.
❖ 77% buscará información sobre líderes de opinión y 71% sobre casos de corrupción.
❖ El dispositivo que más veces se conecta al internet es el teléfono *smartphone*.
❖ Facebook, WhatsApp, YouTube y Twitter son las Redes Sociales más importantes en ese orden.

Recordemos las elecciones de 2016 en Estados Unidos, donde Facebook se colocó cómo la principal fuente de información para los votantes, además de la proliferación de las noticias falsas (*fake news*) y contenido viral acerca de los candidatos a la presidencia.

Las redes sociales han traído consigo diversos fenómenos sociales:

Influencers

La figura del *Influencer* (influenciador), significa que una persona ha ganado de miles a millones de seguidores en sus Redes Sociales; el sólo hecho de tener este número tan grande de seguidores hace que sus opiniones y aportaciones a la red tengo un alto impacto. Podemos decir que un *Influencer* es un líder de opinión en su respectivo ámbito, ya sea en política, moda, cosméticos, automóviles, etc. Incluso existen aquellos que sólo se dedican al entretenimiento de su audiencia. La figura del *Influencer* ha tomado gran relevancia principalmente entre las marcas comerciales cuyo *Target* es un mercado joven, debido a que la audiencia percibe al *Influencer* como una fuente de confianza.

Viralización de contenidos

Como menciono al inicio de este libro, cuando comencé mi primer negocio, fue necesaria solamente una publicación para conseguir 80 mil seguidores y más de 300 clientes en todo Latinoamérica. Y es que éste es el poder de la viralización de contenidos, en tan sólo unos segundos tu mensaje puede llegar a millones de personas, sobre cómo lograrlo hablaré en el capítulo 6.

Sin embargo, no todo es "miel con hojuelas", al compartir cualquier tipo de material en Redes Sociales, por ejemplo: fotos, videos, comentarios, pierdes la privacidad de estos, ya que cualquier usuario que tenga acceso a tu perfil virtual puede descargar los contenidos, editarlos y filtrar datos de tu vida privada. Este hecho puede ocasionar que ocurran algunos fenómenos sociales negativos, por ejemplo:

Trolls

En la jerga del internet se utiliza la palabra *troll* (del inglés troll: ser mítico antropomorfo parecido a un duende) para describir a una persona que publica mensajes provocadores, confusos, ofensivos e irrelevantes. Generalmente con el fin de alterar la conversación y lograr que los usuarios se enfrenten entre sí mediante agresiones verbales.

Agresión digital

Las Campañas de agresión también están a la orden del día. Los seres humanos somos empáticos por naturaleza, está en nuestros genes, nos duele ver a otro ser humano sufriendo; no obstante, si separamos esta conexión física de un ser humano observando a otro y los llevamos a un ambiente virtual, donde aparentemente existe el anonimato y la proximidad es inexistente, encontraremos que es mucho más fácil agredir verbalmente o expresarnos de manera destructiva hacia una persona. Y es que, esta actitud en Redes Sociales aún no tiene consecuencias y los insultos no se perciben como reales, lo cual ha permitido la proliferación de este fenómeno social.

La solución para erradicar el problema de la agresión es enseñar a las personas a conservar una actitud de respeto y tolerancia, aun cuando su identidad esté oculta en el ciberespacio. Respecto a los *trolls*, la mejor arma es ignorarlos, ya que retarlos o responder a sus comentarios sólo incentiva a que ese individuo siga realizando sus fechorías.

Adicción a las redes sociales

Otro punto importante para considerar es que las redes sociales también causan dependencia psicológica, los jóvenes hacen uso de ellas en la casa, en la escuela y en la oficina. Al salir a la calle es posible observar cómo la gran mayoría de jóvenes están conectados a sus *smartphones* revisando constantemente sus Redes Sociales, publicando fotos, manteniendo conversaciones con sus contactos o simplemente observando el contenido que sus amigos han publicado.

Hace un tiempo leí un artículo de un profesionista de la psicología, en donde mencionaba que, en los próximos años, para realizar perfiles psicológicos de las personas habría que revisar sus dispositivos y perfiles digitales: sus *smartphones*, sus computadoras, sus cuentas de Facebook, sus historiales de búsqueda en YouTube, Netflix, Google entre otras. En dicho artículo se mencionaba que nuestros teléfonos *smartphones* podrían considerarse como una extensión de nuestra mente. Piensa esto: hemos dejado de confiar en nuestra memoria para permitir que los diferentes dispositivos móviles que existen se encarguen de esta tarea, almacenando notas, números de teléfono, momentos de nuestra vida: nuestras fotografías y los videos que seguramente tienes en tu *smartphone*.

Espionaje cibernético

Este planteamiento no se encuentra muy alejado de la realidad, hoy en día existe una disciplina de la informática llamada "computo forense", la cual ha demostrado ser una herramienta muy efectiva para los cuerpos policiacos y de investigación criminalística. La tarea de un informático forense consiste en recuperar el dispositivo informático de alguna persona, extraer los datos y las diferentes conexiones que existen con dispositivos ajenos a este. Y por último presentarlos como evidencia en el proceso de una investigación.

Sin embargo, estas técnicas se han utilizado con fines de mala praxis. Es de conocimiento general algunos actos de espionaje político que han sucedido en la última década. Por citar alguno, podemos hablar del escándalo del *Software Pegasus* en México, el cual fue noticia en diferentes medios en el año 2017. Diferentes organizaciones denunciaron que el gobierno mexicano había realizado espionaje cibernético a diversos periodistas, políticos, abogados e instituciones.

Generalmente la forma en la que operan estos *softwares* "malintencionados" es enviando un mensaje de texto atractivo a tu Facebook o WhatsApp, en el cual se te invita a abrir un enlace a una página web. Este mensaje puede incluir una noticia llamativa, una promoción única para adquirir algún producto o servicio, o un regalo que supuestamente ganaste en un concurso. Una vez que ingresaste al enlace, el *software* se descarga e instala automáticamente en tu *smartphone* para espiarte.

Otra forma de obtención de datos menos intrusiva, y generalmente utilizada con fines comerciales -para venderte algo de tu interés- es la instalación de aplicaciones o juegos móviles, en los cuales el requisito principal consiste en acceder con tu cuenta de Facebook o proporcionar un permiso de acceso a tu cámara web, a tu micrófono o a la memoria interna de tu teléfono *smartphone*.

Quizás estos párrafos te hayan asustado y decidas eliminar tus perfiles digitales, lo cual me parece una tontería. A menos que tú seas un terrorista, un traficante, o una persona no grata no tienes nada de qué preocuparte. Cuídate del tipo de fotos que subes o intercambias en los ambientes virtuales, y no descargues cualquier aplicación que no sea de una empresa reconocida, haciendo esto mantendrás a tu *smartphone* libre de *malware* (el software malicioso). Si tú ya conoces el mundo del marketing digital, tendrás un conocimiento previo de lo que te voy a comentar, y si no, aquí esta una verdad acerca de cómo funciona el mundo:

¿Por qué empresas como Facebook, Google, WhatsApp no nos cobran ni un centavo a nosotros los usuarios, si dichas empresas gastan millones de dólares al año en mantener estos servicios funcionando? La respuesta es corta: porque ellas lucran con tus datos. Y no me refiero a que venden tus fotos o tus conversaciones, nada que ver con eso. Ellas lucran con los datos con los cuales personas como yo -Agentes de marketing digital- pueden segmentar a sus públicos y así lograr vender productos o servicios. Datos como la condición socioeconómica, la edad, el sexo, el nivel de estudios, los gustos musicales, los hobbies o intereses, las páginas web que visitas, y la lista sigue. Esto es algo inevitable, ese es el costo por utilizar todos estos servicios de manera gratuita. ¡Pero no es tan malo como crees! Gracias a este hecho, yo he vendido y comprado diferentes productos en los cuales estaba interesado; A final de cuentas nadie te pondrá una pistola en la cabeza y te obligará a comprar estos productos.

En el capítulo 5 te enseñaré cómo clasificar y segmentar a la sociedad para lograr transmitir tu mensaje, ya sea político o comercial, de manera eficaz. Por ahora me limitaré a hablar un poco más acerca de cómo el internet ha cambiado nuestro mundo.

La convergencia entre el mundo informático y el mundo físico cada vez es más estrecha. Muestra de ello es el internet de las cosas (IoT), y por internet de las cosas me refiero a:

* ❖ Teléfonos inteligentes los cuales han sustituido en gran medida a las cámaras digitales, los reproductores de música, las agendas, los dispositivos GPS entre otras.
* ❖ Automóviles equipados con inteligencia artificial (AI) los cuales ya pueden conducirse de forma autónoma.
* ❖ Casas y edificios dotados de inteligencia: en donde un *software* es el encargado de prender y apagar las luces. De regular la temperatura del recinto y de permitir o negar el acceso al personal.
* ❖ Wearables: relojes, gafas, tatuajes, implantes médicos e incluso ropa; todos ellos dotados con microprocesadores y conexión a internet.

La caída de los precios de los componentes electrónicos y la disponibilidad casi universal de conexión a internet son los factores que han permitido dotar de cierta "inteligencia" y crear los homólogos virtuales en la "nube" de prácticamente cualquier objeto físico que te puedas imaginar.

[**La nube:** todos los diferentes servicios de almacenamiento de datos que existen. No te confundas, la nube no es aire, más bien son kilómetros y kilómetros de centros de datos. Imagina un edificio corporativo, pero en vez de contener oficinas y personas, contiene miles de computadoras. Eso es un centro de datos]

Me queda en claro que cada día que pasa nos acercamos más al surgimiento del hombre biónico, el inicio del "transhumano", un ser vivo el cual integrará la tecnología en su biología misma; pero eso es tema de otro libro.

La economía colaborativa

Una de las aplicaciones más interesantes del *Efecto red* es la economía colaborativa. El gran lema de la economía colaborativa es: "Compartir en vez de poseer". Este tipo de negocios, los cuales utilizan el *Efecto red*, son los más lucrativos. Sólo hace falta encontrar a 2 clases de usuarios distintos pero interdependientes entre sí, y que puedan generar valor a partir de su interacción. Es decir, nos ponemos en el medio de una transacción entre dos sujetos quienes comercian algún bien o servicio, y que generalmente resulta más barato o fácil, para ambas partes, "rentar" en vez de poseer el bien intercambiado, ya sea transporte, renta de casas, compraventa de objetos de segunda mano, información, etc.

No te preocupes si aún no tienes tan claro a qué me refiero con economía colaborativa, la cual no es otra cosa más que negocios en red, más adelante te hablaré de las 3 empresas cuyo núcleo ha sido la economía colaborativa y que han cambiado el mundo para siempre. Por ahora te explicaré porque estos negocios son tan lucrativos:

- ❖ Crean un mercado con una escala incomparablemente más grande que cualquier tienda física o tradicional.
- ❖ Eliminan la ociosidad de los bienes; es decir, ¿no ocupas tu auto? ¿Tienes un espacio libre en tu oficina? Réntalos.
- ❖ Permiten la colaboración de "subempleados" internacionales. ¿Por qué conformarse con mano de obra local? Cuando puedes tener un ejército de colaboradores esparcidos por el mundo.

Uber

Pero al fin de cuentas, ¿Qué es Uber y cómo se usa? Recuperado de: https://www.uber.com/es-CL/blog/que-es-uber/

Uber es una empresa de tecnología. Usando su aplicación móvil (App), los usuarios que necesitan transporte consiguen fácilmente encontrar socios conductores que ofrecen este servicio. Esta compañía ofrece una opción más cómoda para moverse por la ciudad, con más estilo y seguridad. Además, está presente en más de 310 ciudades alrededor del mundo.

Los servicios de Uber comprenden:

- ❖ Uber ofrece una plataforma tecnológica para que socios conductores se conecten fácilmente con usuarios que buscan viajes seguros y conductores confiables.
- ❖ Creemos que, para hacer frente al desafío de la movilidad en las grandes ciudades, es necesario ofrecer una gama cada vez más amplia de opciones de transporte para las personas. Uber es una manera más de desplazarse en la ciudad.
- ❖ Hacemos posible que conductores profesionales puedan tener aún más oportunidades de ganar dinero al conectarlos con usuarios que desean moverse por la ciudad.
- ❖ Generamos un increíble potencial para disminuir la necesidad de tener un auto, contribuyendo así a la disminución de los congestionamientos en las grandes ciudades. Un Uber en servicio puede retirar de 5 a 20 autos de las calles, todos los días.

Como en Uber se valora la seguridad y la satisfacción, después del viaje tanto el usuario como el socio conductor se evalúan el uno al otro. En su página señalan lo siguiente: "Ten la seguridad de que se analizan todos los comentarios que recibimos".

Airbnb

Cómo funciona Airbnb. Recuperado de: https://www.airbnb.mx/help/getting-started/how-it-works

Airbnb comenzó en 2008 cuando dos diseñadores que tenían espacio libre en casa alojaron a tres viajeros que buscaban un lugar donde quedarse. En la actualidad, millones de anfitriones y viajeros se animan a crear una cuenta gratuita en Airbnb para poder publicar sus anuncios y reservar alojamientos únicos en todo el mundo. Y con ello, según se lee en la su página principal:

"Airbnb ayuda a que la experiencia de compartir sea fácil, divertida y segura. Para ello, nos encargamos de verificar los perfiles personales y los anuncios, de mantener un sistema de mensajes inteligente para que los anfitriones y huéspedes puedan comunicarse de forma segura y de administrar una plataforma de confianza para la gestión de los pagos".

Kickstarter

Kickstarter e impuesto. Recuperado de: https://www.kickstarter.com/help/taxes?lang=es

Kickstarter es una plataforma de financiamiento para proyectos creativos de todo tipo: desde películas, juegos y música hasta arte, diseño y tecnología. Kickstarter está lleno de proyectos ambiciosos, innovadores e imaginativos que se hacen realidad gracias al apoyo directo de otras personas.

¿Cómo funciona?

El creador de cada proyecto fija una meta y un plazo de financiamiento. Si a la gente le gusta el proyecto, puede contribuir con dinero para hacerlo realidad. Si el proyecto alcanza su meta de financiamiento, se realizará el cargo a las tarjetas de crédito de los patrocinadores cuando finalice el plazo. El financiamiento en Kickstarter es "todo o nada" - si el proyecto no alcanza su meta de financiamiento en el plazo determinado, no se realiza ningún cargo.

¿Por qué la gente apoya proyectos en Kickstarter y qué obtiene a cambio?

Cada patrocinador contribuye con dinero por diferentes razones: algunos apoyan los proyectos de sus amigos, otros apoyan a personas que admiran desde hace mucho tiempo, y hay muchos que están simplemente inspirados por una nueva idea. Otros están inspirados por las recompensas de un proyecto: una copia de lo creado, una edición limitada o una experiencia personal relacionada con el proyecto.

Los creadores de los proyectos conservan el 100 % de la propiedad de su trabajo. Kickstarter no puede usarse para ofrecer rentabilidad o beneficios financieros, ni para solicitar préstamos. Es posible que algunos proyectos que se financien con Kickstarter continúen recaudando dinero, pero los patrocinadores apoyan proyectos para ayudar a hacerlos realidad, no para beneficiarse económicamente.

Capítulo 3. Política tres punto cero

Como hemos visto en el capítulo anterior el crecimiento
exponencial de las tecnologías informáticas ha encaminado el

empoderamiento de la sociedad, una sociedad cada vez más crítica, más reflexiva y menos influenciable. Y claro que esto es un avance positivo para la sociedad y para la humanidad en general, pero también ha endurecido el trabajo del publicista: maquillar la realidad nos resulta cada vez más difícil.

Existe un cambio en el paradigma de la comunicación publicitaria, la antigua forma de hacer publicidad ocurría mediante canales unidireccionales (televisión, radio, periódico, carteles, vallas publicitarias etc.) Es decir, de nosotros los publicistas hacia el público en general. Medir los resultados de nuestros anuncios y dirigir el comercial hacia el público objetivo, es prácticamente imposible con estos canales de comunicación tradicional.

Todo esto ha cambiado, estamos ante un tablero de juego completamente nuevo. Los recientes medios de comunicación digitales nos permiten medir, corregir y optimizar en tiempo real nuestros anuncios y comerciales; hemos transitado de crear anuncios según nuestra intuición como publicistas, a usar herramientas científicas, de investigación y de análisis de datos para crear campañas de *marketing* cada vez más eficaces. La segmentación es el núcleo central de esta revolución en el *marketing*, el éxito de cualquier anuncio depende de mostrar el mensaje adecuado a la persona correcta.

Con todo lo anterior no estoy diciendo que la publicidad tradicional haya muerto, para nada, lo que trato de transmitir es que hay un nuevo campo de batalla, y para sobrevivir en esta guerra comercial debemos atender al nuevo frente. Es muy claro que los cambios no se pueden parar, lo único que podemos hacer es ser parte de ellos.

En la siguiente sección nos concentraremos en el panorama actual que acontece en las redes sociales con respecto a los temas políticos, para después entrar de lleno al *Marketing* 3.0 y las nuevas revoluciones que se están produciendo en el ámbito político, a las cuales he denominado política 3.0.

El panorama actual

En esta primera sección me voy a limitar a retratar la situación actual del *Marketing* político en las Redes Sociales. Te voy a ser sincero, esto parece un episodio sacado de "Los Simpson"; sin embargo, todo lo que estoy por describirte es la realidad en el año 2018, al menos en Latinoamérica.

páginas de memes en Facebook

Por *Meme* me refiero a una imagen, un video editado o una caricatura graciosa y a veces polémica de alguna cosa o persona – inclusive la de un candidato político-. Los memes tienen un alto índice de viralidad y generalmente son compartidos por jóvenes de 14 a 25 años. Muchos de los memes son creados de manera arbitraria por jóvenes cuyo único objetivo es mofarse de alguna situación, no obstante, también existen partidos políticos que auspician a estas páginas de memes.

Los memes se pueden utilizar para remarcar una virtud o un defecto de un candidato político: para burlarnos de escándalos de corrupción, para dar popularidad a nuestro candidato o simplemente para mantenernos en la mente del público. Si encontramos que una propuesta de nuestro candidato es especialmente popular entre los jóvenes podemos hacer memes sobre esto con el fin de ganar popularidad. Estos también desfavorecen a la competencia, si nuestro adversario está inmiscuido en algún escándalo de corrupción, el hecho de crear memes hará que esta noticia se mantenga en el "*top of mind*" del público.

¿Quién mejor persona para hacer memes que un joven de 14 a 25 años? Si tu intención es utilizar esta herramienta en tu candidatura te recomiendo que esta tarea se la encomiendes a un joven, puesto que ellos están al tanto de las modas y las tendencias en redes sociales. Además, publicar memes en la página oficial del partido es contraproducente, por lo cual tendrá que ser en una página externa que aparentemente no tenga relación alguna con el partido político.

comerciales virales

Los comerciales virales tienen mucho que ver con los memes por el simple hecho de que si tu comercial se volvió viral es seguro que los internautas elaborarán diversos memes sobre éste, aumentando con esto la propia viralidad del comercial.

Los hay de todo tipo: desde comerciales con canciones pegadizas hasta spots (videos generalmente de menos de un minuto de duración) de un candidato hablando con el público o en una situación cualquiera.

Si tu intención es hacer un comercial viral ten en cuenta lo siguiente:

❖ Se debe mostrar al candidato en una situación "accidentalmente chusca".

❖ En el comercial deberán aparecer fotogramas (cuadros de imagen del video) con el candidato en posiciones graciosas o haciendo ademanes extraños, esto con el propósito de que los internautas tomen capturas de pantallas de dichos cuadros y los editen a su conveniencia para generar memes.

❖ El candidato debe aparecer en el video diciendo una frase ambigua que se pueda prestar a un malentendido.

❖ En el caso de videos musicales podemos copiar los ritmos y patrones de la música más popular del momento.

❖ El video puede aludir a una parodia de alguna serie o película popular del momento.

La mayoría de los comerciales virales no fueron diseñados para serlo. Si tú pretendes crear un comercial viral no abuses y satures tu video con los elementos que enlisté, puesto que perderá el carácter de comercial y se volverá un simple video meme.

Uno de los casos de éxito de esta técnica fue el video "Movimiento naranja" del partido mexicano Movimiento Ciudadano, debo admitir que millones de persona (me incluyo) desconocíamos la existencia de este partido político hasta que su video se viralizó en las Redes Sociales y obtuvo más de 51 millones de visitas en su cuenta oficial en YouTube.

En dicho video podemos observar a un niño de origen indígena bailando de manera graciosa y cantando "movimiento naranja, movimiento ciudadano". Cabe mencionar que los mismos cuatro acordes que oímos en "Movimiento naranja" son usados en diferentes canciones de artistas famosos del momento como: Rihanna, Coldplay, Ed Sheeran, Taylor Swift, etc.

Fake news

Noticias falsas siempre las ha habido, en la guerra se utilizaban como estratagema para confundir al enemigo y sorprenderlo con un ataque letal. En la actualidad las *fake news* tienen el mismo objetivo: desprestigiar al adversario, aunque también existen sitios de éstas con un objetivo monetario. Es decir, algunos de estos sitios web ganan dinero por publicidad; para lograr dicho cometido crean noticias espectaculares con títulos llamativos con el fin de atraer el mayor tráfico de internautas que les sea posible.

El problema de las *fake news* es que son muy abundantes, algunas se disfrazan de sitios reconocido (usan el mismo logotipo e incluso el nombre sólo cambia por una letra) y se reproducen con mayor facilidad que una noticia verdadera. ¿Por qué? Generalmente las *fake news* están diseñadas para producir sentimientos negativos de enfado, tristeza o decepción entre los internautas, mismos que motivados por su ira comparten la noticia con la finalidad de mostrar su aversión ante aquel acontecimiento.

¿Cómo defendernos de las *fake news*? Critica la información que obtengas, verifica que la fuente sea de un medio reconocido y compara la información con otros medios de comunicación.

páginas y sitios falsos

Páginas web y páginas en Facebook fraudulentas haciéndose pasar por algún partido o candidato político. En especial tengo el recuerdo de las elecciones en México de 2018. En ese momento surgieron muchas páginas falsas de "MORENA" un partido político mexicano de izquierda. En dichas paginas aparecían propuestas "aparentemente de MORENA", pero con un toque muy agresivo y de extrema izquierda, es decir, a pesar de que las supuestas propuestas no buscaban de manera directamente desprestigiar al partido político y a su candidato, su objetivo era mostrar propuestas impopulares para un sector en específico. En otras palabras, la oposición tomó el discurso de campaña del candidato de MORENA, lo exageró y lo llevó a un punto extremista en donde afectaba a un sector de la población, por último, lo difundió mediante publicidad en diversas Redes Sociales como páginas "aparentemente oficiales".

Un ejemplo de esto fue un video que circuló en Facebook en donde supuestamente MORENA propuso estandarizar el salario de todos los profesionistas dedicados a la medicina, esto para evitar los abusos en el cobro de las consultas médicas, en el mismo video también se explica que los médicos serían obligados a realizar campañas de salud (dar consultas gratis a la población) con el fin de renovar su cédula profesional y de esta manera poder seguir laborando.

Y debido a que MORENA tiene tendencias socialistas esta falsa propuesta encaja perfectamente con su discurso. ¿Pero a quién afecta esta propuesta? A todos los profesionistas de la salud, en primera porque estandarizar el costo de las consultas médicas significaría una imposición no grata para los profesionistas independientes, y en segunda porque obligarlos a hacer campañas de salud supone un esfuerzo extra no remunerado. Ya te imaginarás que pasa si tomas un comercial como el que te acabo de describir y lo promocionas en Redes Sociales, segmentado con especial cuidado a los profesionistas de la salud y dueños de clínicas particulares.

Esta técnica de páginas falsas no sólo se limita a desprestigiar partidos políticos, también se utiliza para estafar a los internautas. Por ejemplo, recuerdo una página de comercio electrónico en donde por una supuesta promoción te regalaban un reloj de un valor de $75 USD, sólo con pagar el costo de envió que era de aproximadamente de $18 USD, demasiado bueno para ser cierto, ¿no lo crees? Pues yo fui testigo de cómo miles de personas cayeron en este engaño depositando los $18 USD para nunca recibir su reloj. Me enteré de esta situación debido a que esta página fraudulenta se promocionó por Facebook y llegué a ver su anuncio publicitario con los miles de comentarios reclamando su pago.

Política 3.0 igual a *Marketing* 3.0

Margaret Thatcher fue una ex primera ministra británica conocida como "la dama de hierro" y la primera política en utilizar a un equipo de asesores expertos en publicidad y relaciones públicas con el fin de obtener más votos. Un dato curioso sobre esta mujer es que entrenó el tono de su voz porque sus asesores consideraban que su voz original podía restarle aceptación popular.

Después del triunfo de Thatcher todos los políticos alrededor del mundo siguieron sus pasos contratando asesores en imagen, publicidad y relaciones públicas, quienes les aconsejaban la manera en la que debían vestir, hablar y de qué manera mover las manos durante sus discursos para lograr conseguir una mayor aceptación del público.

Utilizar los métodos y técnicas de la publicidad y las relaciones publicas proveyó a los antiguos políticos de auténticas herramientas para lograr conseguir más votos; hoy en día esto sigue siendo de gran utilizad, no obstante, al igual que sucedió en los años de Thatcher, el *marketing* se ha convertido en la nueva herramienta definitiva para conseguir más votos.

Al igual que sucedió con el *marketing* que en sus inicios solo buscaba encontrar la manera de abaratar un producto y poder abastecerlo a la mayor cantidad de gente posible, la ciencia política también ha evolucionado. En la definición del *marketing* 3.0 se encuentra intrínseco los elementos de la política 3.0, veamos pues, que es el *marketing* 3.0:

- Se centra en el consumidor, lo reconoce como un ser emocional más que racional.

- Se encarga de conocer a su consumidor, conocer sus necesidades y encontrar la mejor manera de satisfacerlas.
- Las estrategias de ventas están centradas en el usuario, ya no en el producto.
- Utiliza como elemento diferenciador los valores sociales y medio ambientales.
- La publicidad se despliega tanto en medios tradicionales como en los digitales.
- Utiliza canales de comunicación bidireccionales como lo son las Redes Sociales.

Estamos ante una nueva oleada de cambios que afecta todos los aspectos de la vida humana, tanto en el mundo de la publicidad como en el mundo de la política. Y estos cambios son imparables, la única forma de hacerles frente y asegurar la supervivencia de nuestras marcas comerciales y partidos políticos es subiéndonos a esta ola y formar parte del cambio.

En consecuencia, es de urgencia utilizar los medios digitales y las Redes Sociales como estrategias de promoción. En este mundo, digamos, el contenido es el rey y el diseño gráfico es la reina. Debemos adaptar nuestra publicidad a los nuevos formatos digitales consumidos por millones de personas de todos los rangos de edades: crear videos, imágenes, memes, blogs, canales en YouTube, páginas web, grupos de Facebook, animaciones etc.

También debemos aprovechar las nuevas herramientas publicitarias que la digitalización trajo consigo, medir nuestros comerciales, medir las reacciones de nuestras publicaciones en

Facebook, utilizar *social listening tools*, análisis de datos, hacer *marketing* de contenidos, realizar transmisiones en vivo, en fin, cualquier nuevo formato que sea consumido por esta nueva generación.

Ciertamente, en un país democrático, los futuros políticos exitosos serán aquellos que logren convertirse en figuras de *influencers*, aquellos que tengan una gran interacción en las Redes Sociales, que escuchen a su público y ofrezcan retroalimentación, aquellos que tengan una gran cantidad de visitas en sus canales en YouTube y sus transmisiones en vivo de Facebook. Aquellos que apliquen la filosofía del *marketing* 3.0 y logren identificar y satisfacer las necesidades de los votantes.

En los siguientes capítulos aprenderemos cómo utilizar las Redes de manera estratégica para poder posicionarnos en el mundo digital como la mejor opción. Por ahora centrémonos en los valores que la política 3.0 requiere.

Esta sección del capítulo está inspirada por una conferencia presentada por Enrique A. Fonseca Porras, ciudadano español y experto en *marketing* político. En lo personal yo me declaro un gran admirador y seguidor de su trabajo; una vez hecha esta aclaración comencemos.

Primera ley: si tú no dices quién eres, otros lo harán por ti.

Claro que es importante la imagen del candidato político, importa su vestimenta, su lenguaje corporal, su cuidado personal, pero ¿sabes qué importa más que todo esto? Su manera de conducirse en la vida, las cosas que ha dicho y hecho. Se puede intentar cambiar la percepción de la audiencia con respecto a una persona, pero lo que no se puede cambiar son los videos, grabaciones, comentarios, entrevistas publicadas y guardadas tanto en la mente como en el computador del lector. Y en una contienda política siempre habrá alguien dispuesto a decir quien es "X" o "Y" candidato, alguien dispuesto a revelar datos personales y familiares de nuestro candidato que se puedan usar en nuestra contra.

Ejemplos de esto abundan, recordemos uno de los más recientes: durante la contienda electoral en Estados Unidos de 2016 se filtró un video del candidato republicano Donald Trump en donde se mostraba utilizando un lenguaje misógino. Dicho video fue grabado en 2005 y nunca llegó a los medios de comunicación sino hasta 11 años después, en el contexto de las elecciones. La grabación se viralizó en las Redes Sociales y se ganó el desprecio y la crítica de la mayoría de los internautas.

Recomendación: si pretendes fingir alguien que no eres, por lo menos asegúrate de que no exista evidencia que pruebe lo contrario.

Segunda ley: si tú no dices la verdad, otros la dirán por ti.

La verdad siempre sale a la luz, y más aún cuando tienes a un equipo adversario compitiendo por el mismo puesto que tú. Cualquier candidato político será escudriñado por su oposición con el afán legítimo de encontrar algún escándalo de corrupción o agravio para llevarlo a la luz, con la intención de desprestigiar tu nombre o el de tu partido político.

Es inevitable, por más que te esfuerces en ocultar algún agravio tarde o temprano, y de alguna manera, alguien lo descubrirá y lo difundirá en los medios de comunicación. Recordemos el escándalo de Hillary Clinton, la candidata demócrata a la presidencia de Estados Unidos en 2016, dicho escandalo estremeció su campaña política e incluso el FBI abrió una investigación sobre su caso debido a esto.

La controversia de Hillary se basó en el uso incorrecto de correos electrónicos no gubernamentales para intercambiar información "sensible" del gobierno; el uso de software de mensajería privada aparentemente violó los protocolos y procedimientos del Departamento de Estado y las leyes de los reglamentos federales. "Deberías ir a la cárcel", le llegó a decir Donald Trump a Hillary Clinton en uno de los momentos más calientes del segundo debate presidencial en Estados Unidos.

En las elecciones de 2018 en México el candidato del "PAN" Ricardo Anaya sufrió un gran golpe a su campaña debido a un escándalo de corrupción publicado en las Redes Sociales. Cabe mencionar que su oposición tomó esta controversia para desprestigiar al candidato y disminuir su popularidad entre los votantes; la estrategia de la oposición fue invertir miles de pesos en la promoción de un video en donde se explicaba dicho escándalo de corrupción.

Recomendación: en esta nueva sociedad del conocimiento es una mala idea presentar a un candidato político que tenga escándalos de corrupción.

Tercera ley: siempre da la cara.

Las personas que no tienen nada que esconder siempre dan la cara, cuando menos esa es la percepción del público. Si por alguna "extraña razón" no obedecemos a la primera y segunda ley de la supervivencia política, y nuestro candidato se ve involucrado en algún agravio o escándalo de corrupción, lo mejor que podemos hacer es dar la cara y negar los hechos o al menos apaciguar la situación desviando la atención mediante otra noticia más impactante.

Es de vital importancia reaccionar de manera veloz, ya que como menciono en la segunda ley de la supervivencia política, nuestros adversarios se encargarán de que aquella noticia que nos perjudique circule por todo el internet. De nuevo mencionaré el ejemplo de Ricardo Anaya; recuerdo que en mis ratos de ocio navegando en Facebook y YouTube me aparecía publicidad sobre el escándalo de corrupción del candidato antes mencionado, dicha publicidad era muy agresiva ya que su frecuencia de aparición y la cantidad de medios en donde se desplegaba era muy alto.

Caso contrario con la respuesta de Ricardo Anaya y su equipo de comunicaciones, efectivamente reaccionaron de la manera correcta al negar los hechos y dar una explicación "contundente" que deslindaba al candidato con aquel escándalo de corrupción; sin embargo, lo único que falló en este caso, fue que la promoción del comercial no llegó a ser tan agresiva como aquel comercial de sus adversarios en donde lo señalaban como corrupto.

Veamos esto mediante una especulación estadística, pues como mencione al inicio del capítulo es necesario medir nuestros resultados de cualquier campaña de marketing digital. A falta de conocer los números precisos haré una ejemplificación de lo que pudo haber ocurrido:

❖ Supongamos que los adversarios de Ricardo Anaya invirtieron "10X" en el mensaje de desprestigio al candidato, se desplegaron en al menos 3 medios de comunicación y su video promocional en Facebook obtuvo 1 millón de visitas.

❖ Por otra parte, Ricardo Anaya y su equipo de comunicaciones invirtieron "4X" en el mensaje de réplica y defensa, se desplegaron de la misma forma en al menos 3 medios de comunicación y su video promocional en Facebook obtuvo cerca de 400 mil visitas.

¿Qué sucede aquí? 1 millón de personas se enteraron del escándalo de corrupción de Ricardo Anaya, de este millón de personas 400 mil también observaron el video de réplica y deslinde del escándalo, a pesar de haber observado la video respuesta, estas personas aún pueden sostener su posición de aversión hacia Ricardo, por lo tanto, sólo existe la probabilidad de que estas personas hayan aceptado o rechazado el mensaje de réplica. El gran problema aquí es que aún tenemos a 600 mil personas que a falta de escuchar la réplica del candidato suponen de facto que el éste es culpable del acto de corrupción.

Números grandes y mucho dinero gastado ¿no lo crees? Aplica las 2 primeras leyes de la supervivencia política y evita esta situación.

La recomendación: siempre muestra la cara bajo cualquier situación, aún si tienes las pruebas en tu contra, si es necesario tendrás que defender lo indefendible.

Un vistazo al futuro de la política

El problema de la democracia en el antiguo mundo era que no se podía escuchar la opinión de todos. Por lo tanto, las grandes urbes en gran parte del mundo se decantaron por formas de gobierno representativas; es decir, la ciudadanía escogía a un número determinado de personas: ya sean diputados, presidentes, gobernadores, entre otros, para que fueran ellos los que tomarán las decisiones en nombre de los ciudadanos.

Y es que antes era imposible escuchar la opinión de millones de personas, esto hubiese representado un proceso muy engorroso y costoso. Así es cómo los sistemas políticos representativos o la "democracia representativa" se extendieron en gran parte del mundo actual. Es comprensible, un sistema político adecuado para las limitaciones de aquella época; sin embargo, los tiempos han cambiado, y lo han hecho para bien.

Un estudio realizado por el INEGI en 2017 señala que el 85% de la población mexicana de entre 18 a 34 años tiene acceso a internet. Lo más impresionante de esto, es que este grupo poblacional será la principal fuerza laboral en el año 2020, según diversos estudios tanto nacionales como internacionales.

En la actualidad no es posible escuchar la opinión de todo el mundo con respecto a un tema, pero sí la opinión de la mayoría. Puedes comprobar este hecho haciéndote la siguiente pregunta: de mis conocidos, ¿cuántos de ellos no poseen un teléfono celular o acceso a internet? La respuesta en el 99% de los casos será "ninguno". Basta con una encuesta en Facebook, o con una página gubernamental para poder escuchar la opinión de la mayoría de la población en cuestión de minutos y a un costo ínfimo.

Ya no estamos hablando de "democracia representativa" ahora estamos hablando de "e-democracia" o democracia electrónica, la cual es un tipo de democracia directa (llamada también democracia pura, es una forma de democracia en la cual el poder es ejercido directamente por el pueblo en una asamblea). Y no se trata de sólo escuchar la opinión de los que tienen acceso a internet; para poder implementar la "e-democracia" de manera efectiva primero tenemos que asegurarnos que el acceso a internet sea un derecho fundamental de todos los ciudadanos. Y no estamos alejados de esta realidad, prácticamente en cualquier lugar del mundo contamos con acceso a internet, y los gobiernos democráticos ya tienen iniciativas para facilitar el acceso a internet a sus habitantes.

Implementar la "e-democracia" en el contexto mexicano de 2018 significaría aumentar la participación ciudadana hasta en un 80%. En primer lugar, porque el esfuerzo requerido por los ciudadanos para ejercer su derecho al voto o a ser escuchados sería prácticamente nulo; bastaría con que la persona hiciera un "clic" en su celular para expresar su aceptación o rechazo con respecto a una iniciativa gubernamental.

La "e-democracia" origina a la "e-ciudadanía", un sistema de gobierno adecuado para una época adecuada. Gracias a las tecnologías de la información y comunicación los costos burocráticos pueden reducirse en un 99%. ¿Y a que me refiero con "e-ciudadanía"?

❖ Los ciudadanos podrán participar en las elecciones populares de su país, desde cualquier parte del mundo mediante un dispositivo con conexión a internet.

❖ Los ciudadanos podrán educarse mediante plataformas virtuales, es decir asistir a clases será opcional, lo cual dará pie a la formación de nuevos tipos de institutos educativos; estos se centrarán en hacer que los estudiantes desarrollen habilidades socioemocionales, culturales, científicas, deportivas y recreativas.

❖ Cualquier trámite burocrático podrá realizarse vía internet. Algo que ya se está implementado en algunos países.

Lo más importante de la "e-democracia" es que va a permitir que el poder se concentre en el pueblo, y no en unos cuantos "elegidos". Para evitar la tiranía de la mayoría, como lo mencione antes, es de vital importancia que el acceso a internet sea un derecho fundamental.

Algo de lo que pocos autores han hablado, es que estamos presenciando "la muerte de la izquierda y la derecha". En la actualidad ningún país es 100% capitalista o socialista, sino que combinan ambas posturas en diferentes medidas. Considero que el capitalismo funciona muy bien en ciertos ámbitos socioeconómicos y que el socialismo en otros. Es por ello que los ciudadanos del nuevo mundo dejaremos de tener la tonta discusión "capitalismo vs. Socialismo", y nos centraremos en tomar lo mejor de ambos sistemas políticos e integrarlo en uno sólo que resuelva las necesidades de los ciudadanos. Hay mucho que decir con respecto a este tema, pero esto es algo de lo que hablaré en un próximo libro.

Capítulo 4. El inconsciente colectivo

Desde que inicié el estudio del inconsciente, me encontré a mí mismo muy interesante. – Sigmund Freud

El cerebro humano, maravilloso y complejo, gestiona de manera automática el 90% de todos los procesos relacionados con nuestra vida misma. En una fracción de segundo decide si un objeto o persona es peligrosa o confiable, agradable o desagradable, verdadera o falsa. Antes de que nosotros tomemos una decisión de manera lógica y racional, el inconsciente ya ha decidido por nosotros, y justamente eso es el inconsciente, es la región de la psique humana donde la conciencia no tiene injerencia, y se forma en base a las experiencias vividas a lo largo de nuestra vida; podemos decir entonces, que el destino de los hombres depende mucho más de su inconsciente que de su parte consiente.

Con base en esto, la "realidad" de cada individuo puede ser diametralmente opuesta a la de otro. Mientras algunas personas están teniendo el momento más feliz de sus vidas, otras por el contrario, podrán estar sufriendo los pesares y calamidades de la vida. Y no necesariamente esto tiene que suceder en dos locaciones geográficas distintas, ejemplificaré esto con una historia:

Juan y Pedro asisten a una fiesta de reencuentro generacional con sus ex compañeros de la secundaria. Mientras que Juan está entusiasmado con la idea de ver a sus viejos amigos, Pedro por el contrario muestra cierta aversión. Ambos asisten a la fiesta, ambos conviven con sus ex compañeros de clase, uno baila y platica toda la noche, mientras que el otro se queda tranquilo, casi medio estático en una esquina y apenas dirige un saludo.

Al finalizar la noche se les pregunta ¿Qué te pareció la fiesta? Para uno de ellos aquella noche fue "la mejor noche de toda su vida", mientras que para el otro fue sólo "una estúpida y aburrida noche" ¿Quién de los dos sujetos tiene la razón? ¿Cuál es la realidad? Y ¿Qué es la realidad? Bueno si es que existe una "realidad" considero que cada uno vive inmerso en la suya propia.

 El cerebro humano funciona de la siguiente manera:

Sistema sensorial -> sistema límbico -> memoria -> marco cognitivo

Capturamos la "realidad" mediante nuestros órganos sensoriales (vista, olfato, oído, tacto, gusto). Si la realidad próxima aparentemente pone en peligro nuestra vida, reaccionaremos de manera instintiva, "sin pensar", ocasionada por una respuesta de lucha o huida del sistema límbico. De lo contrario, la información capturada por nuestros sentidos se comparará con nuestro banco de memoria y marco cognitivo; es decir, el sistema de creencias y referencias propias de cada individuo, y así es como construimos nuestra propia realidad. Si tuviera que definir al inconsciente en el proceso de la construcción de la realidad, diría que engloba, pero no únicamente, a la memoria y al marco cognitivo.

El término "inconsciente colectivo" fue acuñado por el psicólogo Carl Jung, para referirse a una especie de biblioteca universal compartida por todos los seres humanos, una especie de sustrato psíquico ancestral que todos los hombres comparten; sin embargo, para fines mercadológicos yo definiré al inconsciente colectivo de una manera, y con una aplicación más mundana.

¿Si el inconsciente es el principal factor que determina el destino de un individuo? Entonces ¿Existe un inconsciente colectivo que determine el destino de todo un pueblo?

Códigos culturales, tradiciones, historia, sucesos recientes, entre los principales, componen al inconsciente colectivo. Los individuos de una comunidad comparten de manera general el mismo estilo de vida, las mismas experiencias, aspiraciones, sueños y estructura familiar. De alguna manera es como si agrupáramos a todos los integrantes de una comunidad y los consideráramos un sólo ser viviente, amorfo en el exterior, pero homogéneo en el interior.

Estudiar el inconsciente colectivo nos permite crear estrategias publicitarias para que nuestro candidato político o nuestro producto comercial tenga mayor probabilidad de éxito en el mercado. En el siguiente capítulo daré una introducción a la investigación de mercados y al estudio etnográfico, dichas estrategias de investigación nos permiten develar el inconsciente colectivo de una comunidad.

Modificando al inconsciente colectivo

Hasta que no hagas consciente lo que llevas en tu inconsciente, este último dirigirá tu vida y tú lo llamarás destino. Carl Gustav Jung

Ahora que sabemos qué es el inconsciente y el inconsciente colectivo, vamos a comprender cómo los partidos políticos y/o marcas comerciales utilizan esta información para alterar la percepción de nuestra realidad.

Repetición de la información

Ya hablamos de que en la actualidad la sociedad utiliza a las Redes Sociales como la principal fuente de información. Desde mi experiencia me atrevo a decir que las personas sólo leen los títulos de los post o publicaciones en Facebook, y que en raras ocasiones leen los artículos de manera completa. Sabiendo esto basta con crear diversas publicaciones que tengan un objetivo en común para que las personas lo asuman como cierto.

No es suficiente que las publicaciones se desplieguen en un sólo medio de comunicación, como podría ser Facebook, entre más medios de comunicación presenten la noticia, mayor será la probabilidad de que las personas lo asuman de facto. Sin importar si el artículo es verdadero o falso, si las personas perciben que dicha "noticia" está desplegada en varios medios, la asumirán como verdadera.

Internet es una poderosa herramienta, el SEO y SEM son nuestros grandes aliados para lograr modificar al inconsciente colectivo. Por ello, cuando las personas busquen el nombre de nuestro candidato político, marca o adversario, es de vital importancia que tengamos el control sobre los resultados que aparece en la primera página de Google.

[**SEO:** Es posicionamiento en buscadores u optimización en los motores de búsqueda, consiste en mejorar la visibilidad de un sitio web en los resultados orgánicos de los diferentes buscadores tales como Google, Bing etc.]

[**SEM:** Pagar por publicidad en los motores de búsqueda.]

Muchos partidos políticos crean páginas web de noticias, y efectivamente comparten información real que acontece en el día a día; entonces las personas asumen a estos medios de información como confiables, pero cuando llegan las épocas de elecciones populares no dudan en tergiversar la información en orden de atacar a sus adversarios políticos y resaltar el estoicismo de su propio candidato.

También podemos utilizar estas técnicas para alterar la reputación digital de nuestro candidato político, por ejemplo, si éste ha sido envuelto en diversas polémicas y al momento de buscar su nombre en Google aparecen páginas web con artículos que reprueban sus acciones, la estrategia a seguir es crear muchas páginas web con artículos que hablen bien o de manera neutral acerca de nuestro candidato político, con ello "sepultaremos" aquellas páginas que perjudican la candidatura, o al menos controlaremos los primeros resultados de la búsqueda.

Efecto halo

Es la tendencia que tenemos los seres humanos de atribuir características positivas o negativas a alguien o algo basados en la generalización de una característica o del contexto y seres cercanos que rodean a éste.

Todo y todos en el mundo de la publicidad deben tomar como base al efecto halo, por ejemplo, los comerciales deben buscar que su producto aparezca en un contexto donde las personas estén mostrando emociones positivas o viviendo momentos felices, de esta manera dicho producto es impregnado por los sentimientos positivos. También podemos observar el efecto halo cuando un producto de una marca comercial tiene éxito en ventas y acontece que los otros productos de la misma marca sufren un repunte en ventas.

En política, el efecto halo también tiene aplicaciones tanto para desacreditar a nuestros adversarios como para resaltar cualidades positivas de nuestro candidato. En las elecciones de México del 2018 se pretendía desacreditar a los candidatos políticos relacionándolos con gente conocida por ser no grata, así se mostraban fotos y videos de los candidatos políticos con dichas personas. Por el lado contrario, relacionar a nuestro candidato con gente famosa por ser noble a una causa benefactora para la humanidad incrementará la percepción positiva de la audiencia.

Capítulo 5. El mensaje

Storytelling

La gente olvidará lo que dijiste, la gente olvidará lo que hiciste, pero la gente nunca olvidará cómo la hiciste sentir. Maya Angelou

Storytelling en el mundo del *marketing* se refiere al arte de contar historias para conectar emocionalmente con los espectadores. En el ámbito empresarial este tipo de formato es comúnmente usado para la creación de comerciales. ¿Cuántos cuentos de tu infancia aún sigues recordando? Seguramente recuerdes más de 2 o 3, esto es porque la mejor manera de narrar algún suceso es mediante un cuento.

Se puede narrar prácticamente cualquier historia, desde las dificultades que tú o tu empresa han pasado, hasta las cosas que te inspiran. Los mensajes con cargas emocionales son mucho más fáciles de recordar que los "formales y acartonados". El *storytelling* sirve como un elemento diferenciador frente a la competencia, pues resalta tu producto y conecta con tus clientes de una manera más emocional.

Storytelling de tu candidato político

Las personas quieren ser gobernadas por otras personas semejantes a ellas. Personas que hayan pasado las mismas dificultades que ellos, que hayan caminado por las mismas calles, comido en los mismos lugares, crecido en los mismos barrios y superado todos los retos que la vida les haya puesto en su camino.

Ellos no quieren a alguien perfecto gobernando su país, ni siquiera quieren al más preparado, quieren a alguien semejante, a alguien confiable que inspire honestidad y certeza. Si logramos crear mensajes que respondan a estas necesidades la popularidad de nuestro candidato aumentará, y en las elecciones populares, popularidad es una palabra intrínseca.

Para construir el storytelling de tu candidato responde a las siguientes preguntas:

- ¿De dónde viene tu candidato, cuál es su historia, su familia, y cómo creció?
- ¿Cuáles son las dificultades que ha enfrentado?
- ¿Cuáles son sus valores y creencias?
- ¿Cuáles han sido sus logros y reconocimientos?
- ¿Cuáles son sus sueños y aspiraciones?
- ¿Por qué debería de votar por él?

El formato de *storytelling* puede ser tan diverso como tu creatividad te lo permita: cortometrajes, entrevistas, videoblog, anécdotas, autobiografías, videos animados – como el famoso Draw my life- , canciones, entre otras múltiples opciones.

Storytelling de la lucha de tu partido

En la mayoría de los cuentos existe una lucha entre dos personajes o fuerzas antagonistas. El "héroe", es una persona del pueblo que enfrenta dificultades a lo largo de su vida, pero que al final logra superarlas todas y reivindicarse como el guía y protector de todos los demás. Esta figura se caracteriza por ser un símbolo de poder y autoridad, que mantiene a raya todo aquello malicioso que podría perjudicar al pueblo. Al contrario del héroe, el "villano" representa todo aquello que es moralmente reprobable y que está en una lucha constante para impedir la prosperidad de los otros.

Debemos entonces, crear una historia donde exista la figura del héroe y el villano, aprovechar el descontento social y atribuirlo a los villanos de la historia -tus adversarios políticos- y autoproclamarnos como los héroes y salvadores del pueblo. Todo esto de manera sutil, atribuyendo los principales malestares sociales a las decisiones tomadas por el partido político opositor, y siempre ofreciendo a los ciudadanos la solución a sus problemas.

¿Pero, cómo encontrar aquello que realmente preocupa a nuestro público? En la siguiente sección hablaré de las técnicas de investigación que existen para descubrir la realidad sociocultural, por ahora centrémonos en cómo crear una historia convincente.

Definirnos como la oposición a todo aquello que ha generado el malestar social nos transforma automáticamente, en los héroes de la historia. Debemos encontrar los errores de nuestra oposición, relacionarlos con personas no gratas, y aunque de manera directa sus decisiones no hayan ocasionado aquellos malestares sociales, siempre podremos encontrar alguna premisa que de manera indirecta si lo haya hecho.

Agrupa a los malos de la historia, llámalos por su nombre: [introduce el nombre de tu oposición] cuenta de qué manera sus decisiones han afectado a la ciudadanía y cuáles son las implicaciones que esto ha tenido sobre la población (pobreza, desigualdad, violencia, inseguridad). Proclámate como la fuerza opositora que desterrará para siempre a los villanos, solucionando así, los problemas que estos han ocasionado a la población.

Clasifica a la sociedad y vencerás

El éxito de la publicidad moderna se encuentra en entregar el mensaje correcto a la persona correcta. Gerson Morales

La antigua forma de hacer propaganda de cualquier producto era mediante la creación de un mensaje publicitario, este era transmitido en un medio de comunicación unidireccional. Aquella estrategia puede definirse como: "tirarle a todo y el que pegue" o un "anuncio con un megáfono en una multitud amorfa". En teoría el mensaje se distribuye de manera uniforme entre la audiencia, y del total de espectadores, un bajo porcentaje -muy bajo- conectará con nuestro mensaje; el resto de ellos simplemente lo ignorará o lo considerará contaminación auditiva.

¿Y a qué me refiero con contaminación auditiva? Este término hace referencia al exceso de sonido que altera las condiciones normales del ambiente en el cual nos encontramos; sin embargo, en este contexto me refiero al exceso de información transmitida a través de un medio acústico: una infoxicación.

Un buen ejemplo de esto es la infoxicación del cambio climático. ¿Qué pasaría si decides ir a una plaza concurrida y mediante un megáfono comienzas a impartir una cátedra sobre el calentamiento global? Sencillamente serías ignorado por la mayoría de las personas, y en parte no sería su culpa. Considera que estas personas llevan toda su vida siendo bombardeadas con mensajes sobre el calentamiento global (desde la educación básica hasta la educación superior se cursan asignaturas relacionadas con este tema), el mensaje se les ha entregado tantas veces que su cerebro simplemente bloquea y se muestra indiferente hacia futuros mensajes de este tópico.

La infoxicación produce lo que yo llamo el "efecto ajeno". Sabemos que el cambio climático es malo, a pesar de esto la mayoría de las personas se muestran indiferentes ante este tema y no están dispuesta a mover ni un sólo dedo para contribuir a la solución del conflicto, ¿por qué? Las personas están al tanto del problema; como mencione antes, el mensaje se les ha entregado infinidad de veces en el pasado, sin embargo, ellas también saben que el mensaje se ha entregado a sus compañeros, amigos, familiares y vecinos. Debido a esto externalizan el problema hacia el "otro". Su manera de pensar es que, entre la gran multitud que recibió el mensaje deberá haber alguien interesado en el tópico -y ese alguien no soy yo-. También ven el problema demasiado lejano a su realidad, pensamientos como: "a mí no me va a pasar o es problema de las futuras generaciones", son ideas recurrentes de alguien con el efecto ajeno.

Retomemos el ejemplo del megáfono y el cambio climático, si en vez de hablar sobre el cambio climático nuestra charla tratará sobre cómo este proceso está destruyendo el parque emblema de tu ciudad, lo más probable es que tu mensaje logre conectar con un mayor número de personas. Ya no estamos hablando sobre el cambio climático (algo que produce infoxicación y por ende efecto ajeno), sino que ahora estamos hablando sobre el parque en el cual sales a correr por las mañanas o en el que pretendes que tus hijos jueguen algún día. Es decir, el problema ahora es tangible, la persona entiende que tu mensaje forma parte de su realidad y estará más dispuesta a contribuir con una solución.

Lo mismo sucede en la política, principalmente en Latinoamérica el discurso de muchos políticos es acabar con la corrupción. Pregúntale a cualquier ciudadano si le gustaría acabar con ella, y su respuesta siempre será que sí; ahora pídele que haga algo al respecto, pídele su voto, y dudo que te vaya a hacer caso. En Latinoamérica estamos tan bombardeados por tantos escándalos de corrupción que sufrimos una infoxicación de ésta.

De nuevo vamos a cambiar el discurso, nuestro mensaje ahora no será sobre acabar con la corrupción, sino sobre cómo nuestras calles y avenidas principales se inundan en temporadas de lluvias debido a que los recursos destinados al mantenimiento de alcantarillas y limpia pública nunca son entregados en tiempo y forma a causa de la corrupción. Como puedes notar el discurso se vuelve más poderoso y tiene mayor capacidad de movilizar a la sociedad, en tanto conecte con una realidad tangible y un problema cotidiano del espectador.

Basta de entregar el mensaje con un megáfono y empecemos a susurrar al oído del espectador el mensaje correcto. Y esto lo vamos a lograr utilizando las herramientas de segmentación que las plataformas digitales como Facebook o Google nos ofrecen. Pero primero tenemos que estudiar nuestra realidad para identificar las necesidades de cada grupo poblacional y en base a ello construir nuestros mensajes. No se trata de decirle a cada uno lo que quiere escuchar; sino que, partiendo de nuestra ideología política mostrar la manera en la cual podemos satisfacer las demandas de cada estrato social.

Un grupo poblacional es un conjunto de individuos que se pueden agrupar por sexo, nivel socioeconómico, nivel educativo, estado civil, intereses, ocupación etc. Podemos crear tantos grupos como queramos, pero nuestra clasificación base será el nivel socioeconómico ya que de esta variable dependen otras como la ocupación y los intereses. Generalmente estos 3 grandes grupos son especialmente susceptibles a discursos de:

Clase baja-> seguridad social, programas de asistencia social, becas escolares.

Clase media-> educación, transporte público, legislación laboral, vivienda.

Clase alta-> estabilidad financiera, apertura económica, reducción de impuestos, libre mercado.

Sin embargo, los intereses por grupo poblacional pueden variar de un país a otro, para encontrar el discurso correcto sugiero dos técnicas de investigación:

Investigación de mercado

Es una técnica de recopilación de datos que sirve para dar soporte a la toma de decisiones principalmente en el ámbito comercial. La investigación de mercados nos permite conocer en dónde debemos colocar nuestros recursos y esfuerzos con el fin de obtener la mayor probabilidad de éxito a la hora de lanzar algún nuevo producto o servicio.

De manera general una investigación de mercados se divide en 5 fases:

1. Formulación del problema: es la parte más importante de cualquier tipo de investigación; en esta etapa debemos definir cuál es el objetivo que se pretende lograr con la investigación, el contexto del problema, la información de partida y quiénes serán los usuarios de los resultados que arroje dicha investigación.

2. Diseño de la investigación: se realiza una investigación preliminar con el fin de entender el contexto del problema a profundidad (generalmente mediante una técnica cualitativa) y se definen cuáles serán las fuentes de información primaria y secundaria que utilizaremos para la investigación.

3. Obtención de la información: podemos obtener la información necesaria mediante técnicas cualitativas o cuantitativas:

❖ Cualitativas: principalmente mediante entrevistas, encuestas, focus group y técnicas proyectivas.
❖ Cuantitativas: sondeo de opinión, estudios de institutos estadísticos y agencias de investigación de mercados.

4. Análisis e interpretación: se procesan todos los datos obtenidos en la fase previa mediante la creación de bases de datos, posteriormente se aplican técnicas estadísticas para obtener las medidas de tendencia, dispersión, correlación, etc.

5. Conclusiones y presentación de los resultados: una vez obtenida toda la información estadística en la fase previa, es necesario traducirla a una lengua simple, evitando tecnicismos, además de la elaboración de material visual (gráficas y diagramas). Todo esto es incluido en un reporte con recomendaciones finales para que los directivos o presidentes del partido político tomen una decisión.

Estudio etnográfico

La etnografía es uno de los métodos más relevantes en cuanto a investigación cualitativa. El sociólogo Anthony Giddens la define como el estudio directo de personas o grupos durante un cierto período, utilizando la observación o la entrevista para conocer su comportamiento social. Con el estudio etnográfico podemos identificar los códigos culturales que rodean a un grupo en específico, sus costumbres y quehacer diario.

El primer paso es definir el grupo poblacional (GP) a estudiar. Para nuestros fines políticos este debe ser un grupo relativamente amplio, es decir que tenga una participación importante en la sociedad, un ejemplo podría ser optar por estudiar a las familias cuyos ingresos provienen del transporte público, es decir, los taxistas. Una vez elegido el GP realizamos una encuesta estadística para encontrar las características promedio del grupo: nivel socioeconómico, nivel de estudio, número de integrantes de la familia y su ocupación, entre otros.

El siguiente paso es la observación de campo, esta puede ser de un par de horas hasta semanas enteras de observación. Se llevará a cabo en dos contextos: en la casa de la familia y a bordo del taxi (ambiente de trabajo del jefe de familia).

Haciendo un paréntesis podemos realizar un análisis de la sociedad en general, al pedirle a un investigador social que aborde un taxi y encueste a sus pasajeros. Preguntas como: ¿Qué piensas de "X" partido? ¿Cuál es el mayor problema de la política? ¿Por quién votarías? etc.

Con base en la experiencia que tengo, sé que al menos en México, a las personas les gusta compartir su punto de vista y no se sienten invadidas en su privacidad con este tipo de cuestionamientos. Sin embargo, el trabajo del investigador social no es cuestionar al pasajero, sino capturar sus opiniones y asentir con la cabeza a cualquier afirmación que él le proporcione. Esto con el fin de evitar cualquier confrontación.

Gracias a la investigación de mercados y a los estudios etnográficos podemos obtener una descripción de la realidad sociocultural de los ciudadanos. Entender la manera en la que las personas perciben su realidad: sus preocupaciones, sus intereses y aspiraciones nos ayudará a construir discursos que sean persuasivos y que, en consecuencia, nos permitan aumentar la popularidad de nuestro candidato político.

Comunicación persuasiva

La interpretación de la realidad depende de la opinión de la mayoría.
Gerson Morales

El discurso es la forma de organizar la realidad para después presentarla ante la sociedad. Por consiguiente, de una porción de la realidad podemos obtener múltiples discursos e interpretaciones.

El discurso puede ser tan poderoso que es capaz de movilizar a toda una nación y hacerla cometer actos inhumanos, como lo fue el holocausto provocado por Adolf Hitler. No es que los alemanes de aquella época fueran personas desalmadas y sin corazón, simplemente percibían la realidad de una manera muy distinta al resto de la población mundial. Como ya lo mencioné al inicio de este apartado, múltiples discursos desencadenan en múltiples interpretaciones de la realidad.

En esta sección del capítulo aprenderemos a construir discursos convincentes y difíciles de objetar. Muchas de estas técnicas ya son utilizadas por políticos famosos y por marcas comerciales exitosas en diferentes partes del mundo.

El poder de las palabras

Las palabras guardan significados y emociones en nuestra mente. Asociamos a las palabras con cosas "buenas o malas". Las palabras nos permiten definir objetos, seres, situaciones y emociones; con ellas construimos el lenguaje humano, y el lenguaje humano a su vez construye a la humanidad.

Una excelente forma de crear mensajes persuasivos es usando palabras con connotaciones positivas, aunque nuestra propuesta en el núcleo sea un acto inmoral. Un ejemplo llevado a la práctica de esta técnica es la famosa "guerra contra el terror" (*War on Terror* en el inglés original) de Estados Unidos. ¿Quién estaría en desacuerdo con combatir al terror? La respuesta claramente es ni una sola persona. Sin embargo, esta famosa guerra, no es sino un cumulo de acontecimientos catastróficos: mentiras, invasiones, torturas, millones de desplazados y miles de muertos.

Estoy seguro de que, si esta iniciativa llevada a cabo por la administración del expresidente Bush hubiera sido nombrada de otra manera, por ejemplo: guerra contra medio oriente o invasión a medio oriente, la aprobación ciudadana y el apoyo de la OTAN no habría sido el mismo.

[**Guerra contra el terror:** es una campaña de Estados Unidos apoyada por varios miembros de la OTAN con el fin de acabar con el terrorismo internacional, dicha campaña fue lanzada después de los ataques terroristas de 11 de septiembre en Nueva York y Washington. Paradójicamente la guerra contra el terror ha sido un "caldo de cultivo" para el terrorismo.]

Otro ejemplo más reciente es el eslogan de campaña del actual presidente de los Estados Unidos Donald Trump: *"Make america great again"* (haz a Estados Unidos grande otra vez). ¿Quién podría estar en desacuerdo con volver a su país grande de nuevo? A pesar de que esta frase engloba iniciativas como cerrar la frontera de Estados Unidos a inmigrantes musulmanes, construir un muro en la frontera con México, iniciar una guerra económica en contra de China, entre otras cosas.

Podemos observar entonces, que englobar nuestras propuestas en mensajes con connotaciones positivas dificulta la crítica de estos. Cualquier persona que intente mostrar una actitud de oposición a nuestra propuesta será percibida como "el malo" de la historia.

Algunos ejemplos de palabras que puedes utilizar en tus propuestas:

*Libertad

*Alivio social

*Recuperación/restauración nacional

*Progreso, avance, mejora

*Hacer [tu país] grande de nuevo

Por otro lado, si queremos desacreditar a nuestro adversario hay que calificarlo con palabras con connotaciones negativas, y para ello podemos valernos de los arquetipos. Para Carl Jung "los arquetipos se acumulan en el fondo de nuestro inconsciente colectivo para formar un molde que le da significado a lo que nos pasa".

Los arquetipos son símbolos (palabras, imágenes) que despiertan recuerdos con una intensa carga emocional, podemos mencionar el ejemplo de unos labios de mujer pintados de color rojo, esta imagen despierta emociones relacionadas con la sensualidad y el erotismo.

La caracterización del adversario tiene que estar basada en un arquetipo existente en el inconsciente colectivo, con el fin de resaltar aspectos que causen aversión entre la sociedad. Todos los partidos políticos buscan definir mejor al adversario que a ellos mismos, resaltando sus cualidades negativas, tachándolos de extremistas y culpándolos del descontento social.

En México, algunas palabras con connotaciones negativas son las siguientes:

*Mafia del poder

*Comunista

*Dictador

*Padres de la corrupción

¿Cómo ganar un debate?

A los vendedores se nos enseña a nunca contradecir a nuestro cliente, no al menos de forma directa. Contradecir a una persona, en la gran mayoría de los casos, activa una respuesta de ataque o defensa; es decir, si quieres tener una disputa con alguien, basta con que le sigas la contraria o ataques su opinión.

La técnica utilizada por los vendedores es el famoso "estoy de acuerdo con… <opinión del cliente>… pero…<lanzar tu propuesta>…", de esta manera evitamos que el cliente entre en un estado de ataque o defensa que no resulta nada conveniente para llegar a un acuerdo, y con ello abrimos el diálogo para intentar cambiar el punto de vista de nuestro cliente. Después de todo, el cliente nos percibirá mucho más cercanos al haber afirmado que su opinión es correcta y que nosotros también la compartimos. Veamos el siguiente ejemplo:

Juan (cliente 1): Ese producto es muy costoso, no voy a comprarlo.

Vendedor 1: Estoy de acuerdo contigo Juan, es un producto costoso, pero también tenemos que considerar que el precio de este producto está respaldado por su calidad y por su durabilidad. Adquirir un producto de esta clase te asegura no tener que pasar por dolores de cabeza e inconvenientes por posibles fallas.

María (cliente 2): No me termina de convencer el producto.

Vendedor 2: Entiendo que tengas tus dudas María, pero déjame decirte que hemos tenido clientes en tu misma situación y que después de haber probado nuestro producto no se arrepintieron en su compra puesto que…

Conectar con el marco cognitivo (CMC)

Para lograr convencer a alguien de algo, tenemos que conseguir conectar con su marco cognitivo, y dicho marco cognitivo no es más que el sistema de creencias y referencias propias de cada individuo. El marco cognitivo desemboca en un inconsciente colectivo que varía de un grupo poblacional a otro, por ello es preciso recurrir a las investigaciones de mercado y los estudios etnográficos, los cuales nos permitirán revelar el marco cognitivo del grupo o individuo estudiado. Sabiendo esto, podemos crear una secuencia lógica que nos permitirá ser más convincentes y tener debates exitosos.

Conectar con el marco cognitivo -> premisa -> conclusión.

Vamos a ejemplificar este proceso con un caso práctico y concerniente al ámbito sentimental; supongamos que Juan está enamorado de María y quiere invitarla a salir de manera exitosa. Previamente Juan tuvo que realizar una "investigación de mercado", la cual consistía en hacerle preguntas a María con respecto a sus opiniones en el ámbito amoroso. La investigación de mercado pudo haber arrojado dos posturas con respecto al tema del amor:

1) María cree en las relaciones idílicas, ella es toda una romántica y está esperando por una relación estable.
2) María no cree en el amor. Eventos en su pasado la han condicionado de manera que ella no pretende tener una relación sentimental con nadie más.

 Para cada caso construiremos el discurso de Juan a María el cual ejemplificara la técnica de conectar con el marco cognitivo (CMC)

1) [CMC] Yo creo en el amor, creo que es posible que dos personas puedan llegar a amarse de manera genuina y compartir sus vidas.

   [Premisa] Me considero una persona romántica, si alguna vez llegara a encontrar a una mujer que me correspondiera de la misma manera que yo, la amaría con toda mi alma. María tú me gustas.

[Conclusión] Acepta salir conmigo.

2) [CMC] Creo que el amor en estos días esta subestimado. Una persona puede ser feliz sin tener que depender de nadie.

[Premisa] Para mí lo importante es salir con alguien a divertirme y compartir momentos juntos sin que eso signifique tener que involucrarnos sentimentalmente. María tú me gustas.

[Conclusión] Acepta salir conmigo.

Como podemos notar una vez que el cerebro de la persona a convencer ha conectado con nuestro discurso inicial, podemos arrojar una premisa (idea a aceptar) que luego afirmaremos en la conclusión, este discurso será mucho más convincente debido al principio de coherencia de la identidad (a nadie le gusta contradecirse). Las personas son coherentes, y si nuestro mensaje guarda coherencia interna, como en el caso del método CMC, nuestras posibilidades de éxito aumentan drásticamente.

Revisemos un ejemplo más controversial. En este caso vamos a tratar de convencer a una persona que el aborto es incorrecto. La investigación de mercados previa arrojó 2 casos:

1) La persona por convencer es religiosa, ella cree en los principios bíblicos.

2) La persona por convencer es atea, ella cree en la ciencia y la técnica.

Para cada caso construiremos un discurso, con la finalidad de hacer que la persona en cuestión firme una petición para anular la iniciativa de aborto que se está debatiendo en su ciudad.

1) [CMC] La biblia dice que toda vida es sagrada, y que sólo Dios tiene el poder de decidir quién vive o muere.

   [Premisa] Nuestra petición tiene la intención de respetar los mandamientos bíblicos. Ningún ser humano tiene derecho a decidir quién vive o muere; el aborto es un acto inmoral.

   [Conclusión] Firma nuestra petición para impedir que el aborto sea legalizado.

2) [CMC] Todas las formas de vida en esta tierra contribuyen a un propósito. La evolución ha perfeccionado a la raza humana durante millones de años.

   [Premisa] Existen grandes científicos, presidentes y personas que han cambiado a la humanidad para bien. Algunos de ellos no eran deseados por sus padres y tuvieron infancias difíciles. Pero fue esta misma situación la que los convirtió en guerreros y hombres de bien. El aborto nos puede quitar al próximo Albert Einstein. Nuestra petición tiene la intención de permitir que todo ser humano tenga la oportunidad de venir a este mundo y contribuir de la forma única en la que solo cada individuo puede.

[Conclusión] Firma esta petición para impedir que el aborto sea legalizado.

Nuevamente se trata de usar el punto de vista [marco cognitivo de la persona] a nuestro favor. Hacerle creer que nuestra premisa (idea a debatir) es una extensión de sus creencias, y con esto, amentar nuestras probabilidades de éxito (aceptación de la premisa).

Método CMC

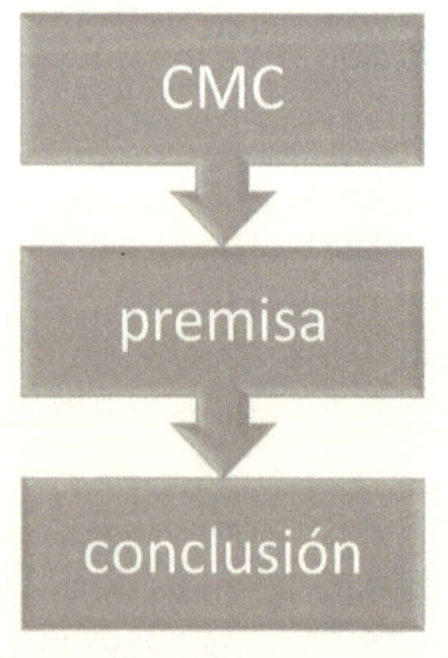

Conectar con el marco cognitivo.
(sistema de creencias y referencias de la persona).

Presentar nuestra idea a debatir como una extensión del CMC.

Afirmar la premisa.

Método *SPIN* de ventas

Neil Rackham autor, consultor en ventas y académico, escribió
un libro en 1988 llamado "*SPIN selling*", el cual es el resultado
de una investigación de 12 años analizando más de 35 mil
llamadas de ventas en 20 países. Su investigación lo llevó a
crear el método *SPIN* de ventas. Lo interesante de este método
es que nos permite crear conversaciones persuasivas para
lograr cerrar nuestras ventas (de productos o servicios) de una
manera eficaz.

La premisa del método *SPIN* se basa en que el cliente
comprará nuestro producto, siempre y cuando logre
identificar que éste resolverá algún problema. Este método se
divide en cuatro etapas: situación, problema, implicaciones y
necesidad.

La **fase de situación** es la más corta de todas, y está enfocada a
entender el contexto del cliente mediante preguntas como:

- ¿Qué tipo de equipo utilizas, y cuanta gente lo utiliza?
- ¿Por qué necesitas "X" producto?
- ¿Qué tan bueno y rápido es el soporte postventa que tu
  proveedor te ofrece?
- ¿Tu software realiza "X" acción en automático?
  ¿Cuántos clientes puedes administrar con tu sistema de
  información?

La **fase de problemas** es la más importante de todas, y tiene
como objetivo hacer que nuestro cliente reconozca que tiene

"x" o "y" problema que nuestro producto pueda solucionarle. Durante esta fase debemos identificar dichos problemas y descartar aquellos que nuestro producto o servicio no pueda solucionar. Es decir, debemos dirigir la conversación hacia nuestro campo de solución, ya que de lo contrario, si la conversación desemboca en problemas que nuestro producto no puede resolver, lo más probable es que el cliente se termine yendo con la competencia. En esta fase podemos identificar dos tipos de problemas:

Explícitos: El cliente expresa claramente su necesidad. "Necesito una impresora que pueda imprimir 50 hojas por minuto". "Requiero un software que me permita darle seguimiento a todos mis clientes". "Quiero un gobierno que construya más centros de salud".

Implícitos: Son aquellos que identificamos en la fase de la situación, "Mi antiguo equipo es muy lento". "No me gusta el servicio post venta". "No estoy contento con el gobierno porque…" "No me gusta…". En esta fase el cliente sabe que tiene alguna incomodidad, sin embargo, está acostumbrado a ella o no conoce alguna otra alternativa, por consiguiente, no lo identifica como un problema explícito.

Cuando identificamos el problema explícito, y si nuestro producto satisface dicha demanda, podemos decir que cerraremos una venta. Por lo tanto, nuestro trabajo es encontrar problemas implícitos que nuestro producto solucione, y guiar mediante preguntas a nuestro cliente para que él pueda reconocer aquellos problemas como explícitos.

Para identificar los problemas de nuestro cliente podemos usar las siguientes preguntas:

- ¿Estás contento con el producto que tienes? ¿Por qué no?
- ¿Falla a menudo o es muy lento?
- ¿Cuánto tarda el soporte técnico en resolverte algún problema?
- Mientras tu producto está en reparación, ¿tu negocio sufre pérdidas en tiempo o dinero?
- ¿Tu sistema informático es difícil de usar? ¿Cuánto te cuesta la capacitación?
- ¿Consideras que el sistema político de tu país podría ser mejor? ¿Cómo?
- ¿Cada cuánto presenta fallos tu producto?

En esta fase aún no ofrecemos nuestro producto, puesto que, si intentamos hacerlo, nuestro cliente puede ponerse a la defensiva y tratar de defender su inversión o decisión anterior. Nuestra misión en esta fase es escarbar en los problemas que su antiguo equipo -o partido político- no soluciona y que el nuestro sí.

En la **fase de implicaciones** vamos a hacer que el cliente reconozca todos los efectos negativos de los problemas que hemos encontrado: reducción de su productividad, pérdida de clientes, gasto excesivo, exceso de tiempo en un proceso, falta de organización, pérdida de dinero, entre otros.

Podemos utilizar preguntas como:

- ¿Cuándo sucede "X" problema, que efecto tiene en tus clientes?

- ¿De qué manera este problema afecta a la productividad de tu empresa?

- ¿Cuánto dinero estás perdiendo debido a esto?

- ¿Acaso este problema te ocasiona pérdida de clientes?

La última fase del método *SPIN*, la **fase de necesidad** consiste en hacerle ver a nuestro cliente cuáles serían los beneficios de solucionar todos esos problemas e implicaciones que se han estado dialogando. El cliente al ver la cantidad de problemas que se solucionarán al adquirir tu producto estará más que dispuesto a pagar el precio. Básicamente, tenemos que resaltar que nuestro producto no sólo va a satisfacer la necesidad explícita por la cual el cliente vino a cotizar "X" o "Y" producto, sino que también va a resolver una gran variedad de problemas que le permitirán ahorrar tiempo y dinero.

Para incentivar a que el cliente reconozca los beneficios que nuestro producto ofrece podemos emplear las siguientes preguntas:

- ¿Cuánto tiempo ahorrarías con este equipo?

- ¿Cuánto dinero se ahorrarían si usaran este producto?

- ¿Qué pensarían tus jefes si solucionas no sólo este problema, sino también estos otros?

- ¿Consideras que serías más productivo con este equipo?

La fórmula para hacer preguntas en esta fase es:

si tuvieras + tu producto + podrías mejorar en + X área + y como esto impactaría positivamente en tu empresa.

Siguiendo el método *SPIN* de ventas conseguiremos que nuestro cliente reduzca sus objeciones, se entusiasme y se sienta seguro de su compra. Y lo más importante, te permitirá cerrar más ventas.

Embudo de comunicaciones

El embudo de comunicaciones es un proceso basado en el embudo de ventas que se utiliza en mercadotecnia, pero aplicado al ámbito de las comunicaciones. Para entenderlo mejor vamos a analizar primero al embudo de ventas.

Embudo de ventas

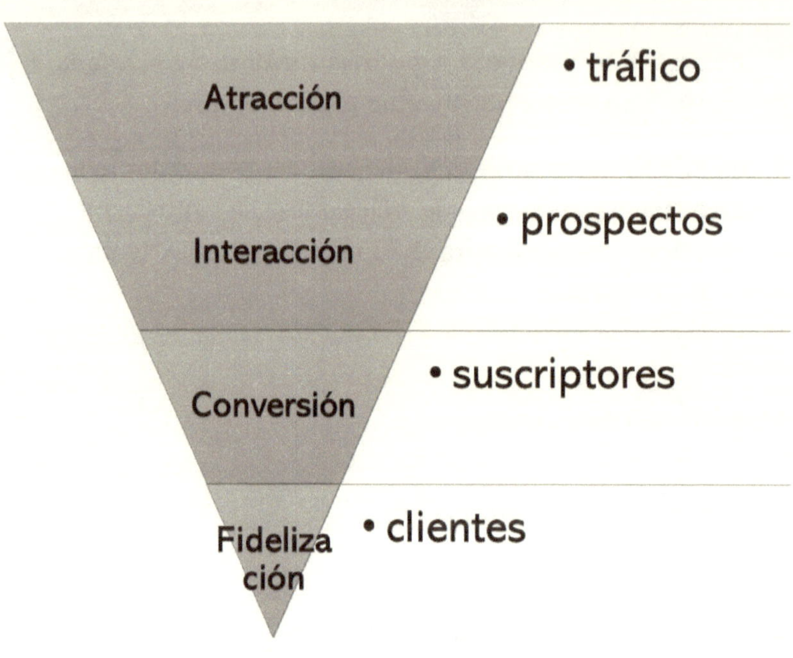

El embudo de ventas es un proceso estratégico en el marketing digital, el cual permite definir el camino que un posible comprador realizará desde que visita tu página web, blog, Facebook o anuncio, hasta que adquiere tu producto. El embudo de ventas permite estructurar el proceso de compra y analizar la inversión en mercadotecnia (ROIM) en cada fase del proceso. Con esta estrategia podemos identificar cuáles son las fases que no están funcionando correctamente y corregirlas para desbloquear el flujo de clientes.

El embudo de ventas tiene 4 fases, algunos autores añaden o quitan una fase, pero en general el modelo que describe al embudo se compone de: Atracción, Interacción, Conversión y Fidelización.

❖ Atracción: Es el inicio del ciclo, y es aquí donde debemos concentrar todos nuestros esfuerzos para ofrecer un contenido que atraiga al mayor número de personas posibles. En marketing digital podemos usar Google AdWords, Facebook Ads, YouTube Ads y banners publicitarios en páginas web. Nuestros anuncios tienen que enfocarse en ser lo más atractivos posibles, además es recomendable usar contenidos como: imágenes, videos, copywriting (redacción) y formularios.

❖ Interacción: El usuario dio clic a nuestro anuncio, rellenó un formulario, preguntó en Facebook o navega por nuestro sitio web. Las variables críticas en esta fase es el diseño atractivo y responsivo de nuestra web, simplicidad en el proceso de compra y experiencia de usuario.

❖ Conversión: Se refiere a los usuarios que deciden adquirir por primera vez nuestro producto. El cliente siempre buscará la mejor relación calidad-precio y que nuestro producto satisfaga sus necesidades. Un buen consejo es ofrecer al usuario, que compra por primera vez, un descuento o una promoción especial por tiempo limitado.

❖ Fidelización: La segunda compra siempre es más fácil que la primera, los usuarios que ya nos han comprado con anterioridad lo harán una segunda vez si los fidelizamos. Suscribirlos a nuestros *newsletters* (enviarles correos con promociones y contenido de su interés), ofrecerles un sistema de puntos, tarjetas de regalo o descuentos en determinadas fechas u otros sistemas de recompensa, son buenas idea para fidelizar clientes. El servicio postventa, la garantía y el soporte a nuestros usuarios son las variables críticas en este proceso.

Para ejemplificar el embudo de ventas me gusta realizar una analogía con las relaciones amorosas de pareja: lo primero que tienes que hacer para salir con una chica es llamar su atención (eres bueno en un deporte, eres un gran profesionista, eres un gran conversador, eres expresivo, eres culto etc.); después sigue la fase de interacción: tener varias citas, conocer a sus amigos, salir a divertirse juntos; para enseguida pasar a la fase de conversión: la besas, le pides que sea tu novia y si las cosas van geniales entre los dos, le propones matrimonio y la fidelizas.

Ahora que entendemos que es el embudo de ventas y cómo construir uno, te voy a explicar cómo aplicarlo al ámbito de las comunicaciones políticas y comerciales.

Embudo de comunicaciones

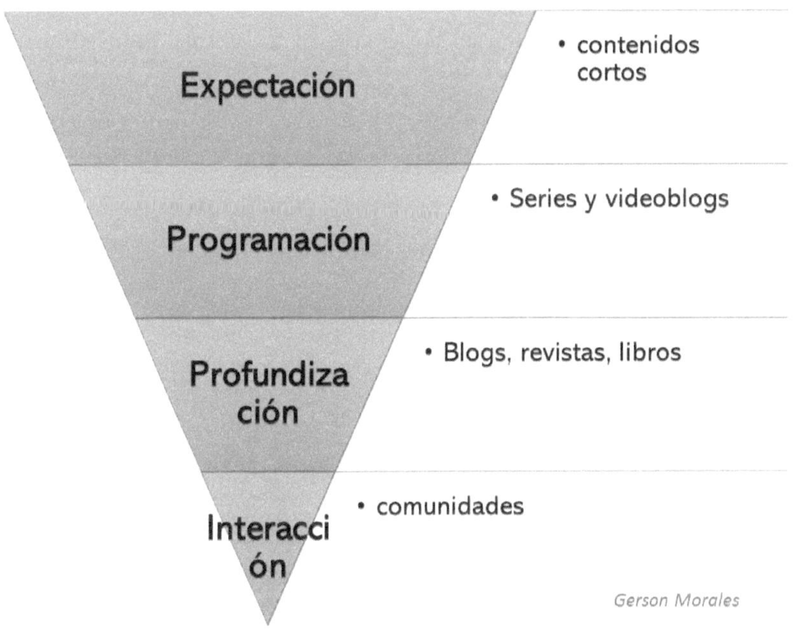

Adapté y diseñé el embudo de comunicaciones con la finalidad de estructurar el proceso de comunicación estratégica digital, seguir el embudo nos permite crear una audiencia fiel que interactúa y defiende nuestra marca. Su aplicación más importante aparte del *Branding* empresarial es en la comunicación política.

Las fases de este embudo se explican a continuación:

- ❖ Expectación: Contenidos cortos y atractivos. Diseñados para que el usuario se interese por nuestro canal de comunicaciones (un canal en YouTube, una página de Facebook, una revista digital, un portal web o un blog). De nueva cuenta lo recomendado en esta fase es usar Google AdWords, YouTube Ads o Facebook Ads para promocionar nuestro comercial.

- ❖ Programación: Una vez que el usuario advierte que nuestro contenido es de su interés, éste requerirá consumir algún tipo de contenido de forma periódica. Podemos ofrecerle videoblogs en YouTube, podcast o contenido diario en alguna página web o blog.

- ❖ Profundización: Aquellos usuarios que se encuentren realmente interesados en nuestra marca, y no se conformen con nuestra programación habitual, pueden adquirir productos más especializados, por ejemplo: libros, suscripciones a revistas (físicas o digitales), conferencias y eventos privados.

❖ Interacción: Nuestro objetivo en esta fase es
convertir a nuestro medio de comunicación en
un movimiento social. Al crear grupos en
Facebook, WhatsApp, reuniones físicas,
convenciones etc. E incentivar a nuestros
seguidores a que discutan, propongan, debatan
e interactúen entre sí, nos permite colocar
nuestra marca como un referente ante la
sociedad: una marca que tiene adeptos y
seguidores que se sienten escuchados y
atendidos.

En cuanto logramos llevar a nuestra audiencia al estrado final
de la pirámide (interacción), nuestro embudo de
comunicaciones se convierte en un "reloj de arena" ya que los
usuarios fidelizados se convierten en una comunidad que
divulga y defiende nuestro mensaje, atrayendo así, a más
adeptos hacia nuestra causa.

Ejemplo de un embudo de comunicaciones

Contexto: Posicionar a una marca de bicicletas de montaña en
un mercado internacional.

Expectación: Elaboramos videos de máximo 1 minuto de
duración. El contenido de los videos tendrá que tender a ser
viral. Podemos ofrecer consejos de lugares para visitar,
minitutoriales de cómo realizar algún truco con la bicicleta,
ofrecer información sobre el equipo de protección necesario,
consejos de supervivencia, entre otros. En esta fase tenemos

que concentrarnos en hacer nuestro contenido lo más viral posible. Los videos se promocionarán en YouTube y en Facebook, al final de cada video debemos invitar a la audiencia a suscribirse a nuestro canal, o a darle *"like"* a nuestra página de Facebook.

<u>Programación</u>: Ofrecemos contenido periódico a nuestros usuarios a través de un canal en YouTube y una página en Facebook. Podemos subir videos de competencias, videos de lugares fantásticos para recorrer con la bicicleta; podemos contar las aventuras que han vivido algunos de nuestros usuarios en sus recorridos o cómo personalizaron sus bicicletas.

<u>Profundización</u>: ofrecemos reuniones semi anuales a todos nuestros usuarios. En dichas reuniones podemos exponer los nuevos modelos de bicicletas que lanzaremos al mercado. Podemos organizar competencias, sorteos y premiaciones.

<u>Interacción</u>: Creamos un grupo de Facebook para que los *"bikers"* puedan agendar reuniones entre ellos y salir a rodar juntos. Es en este punto que nuestra marca deja de ser una *"simple marca"* para convertirse en un movimiento. Los *bikers* fidelizados ahora perciben a nuestra marca como el puente entre el ciclismo y la aventura. Ellos ahora recomiendan nuestros productos y las otras personas que se sientan identificadas con el movimiento, por el simple hecho de tener un sentido de pertenencia al grupo, adquirirán nuestros productos. Las personas que asistan a las reuniones agendadas en el grupo y utilicen productos de otra marca serán vistas de manera rara. Es decir, existirá un código inconsciente en la

mente de nuestros clientes el cual es un proceso lógico-emocional como el que muestro a continuación:

Aventura y diversión -> pertenecer al grupo -> pertenecer al grupo -> usar un producto de nuestra marca -> comprar nuestros productos.

Podemos observar que el embudo de comunicaciones ya es implementado por diversas empresas y con resultados bastante satisfactorios; sin embargo, nunca nadie lo había planteado de manera tan explícita como yo lo expongo en este libro. El embudo de comunicaciones no se limita al ámbito comercial, sino que es, en sí mismo, el futuro de la política. No habrá partido político exitoso que no implemente el embudo de comunicaciones.

De ahora en adelante serán los propios militantes del partido, los que definan la dirección de los movimientos políticos. Todo esto se logrará gracias a la fase de interacción del embudo de comunicaciones; así, los partidos políticos no sólo tendrán seguidores fieles y leales que defiendan a su partido, sino que también tendrán retroalimentación de sus seguidores.

Creando tu medio de comunicaciones

La objetividad siempre tiene tintes de subjetividad. Gerson Morales

Es imprescindible para la fase de programación del embudo de comunicaciones contar con un propio medio de comunicación. Y no me refiero precisamente a un programa de tv o radio. Como lo he mencionado en este libro, los nuevos medios de comunicación del futuro son digitales, y crear uno es prácticamente gratuito.

Podemos copiar formatos exitosos, crear formatos propios, parodiar los ya existentes y un sinfín de posibilidades más, el límite es la creatividad. Con un medio de comunicaciones propio logramos tener "presencia" (lo que en *marketing* se conoce como *branding*), también tenemos control sobre el sentido de los mensajes. En el pasado eran los medios de comunicación tradicional los que determinaban el sentido de los acontecimientos. Y por "sentido" me refiero a que ellos decidían quien era el bueno o malo de la historia. Cada medio de comunicación está al servicio de los intereses de unos pocos. La objetividad siempre tiene tintes de subjetividad.

Las ventajas de contar con un medio de comunicación propio son:

- ❖ Nos sitúa en una posición de liderazgo y ventaja con respecto a nuestros competidores.
- ❖ Nos proporciona cierta influencia sobre los medios de comunicación tradicionales.
- ❖ Ganamos credibilidad y simpatía de la audiencia.
- ❖ Nos permite crear contenido estratégico para posicionarnos como la mejor opción electoral.

A continuación, te hablaré de dos de los medios de comunicación "modernos" que han ganado popularidad en el mundo hispanohablante, el primero en España y el segundo en México.

"VISUALPOLITIK"

Gracias a que descubrí este canal en YouTube me adentré en el mundo de la política y la economía, debo admitir que muchas de mis ideas han sido influenciadas por este medio de comunicación.

Visualpolitik tiene un formato de videoblog, consiste en videos con una duración de 10 minutos (en promedio), en donde se retrata algún acontecimiento relevante para el mundo de la economía política, dichos acontecimientos pueden ser recientes, pasados o especulaciones futuras.

Este canal en YouTube tiene videos con temáticas que abarcan desde la Revolución Industrial, el Capitalismo, Donald Trump, Corea del Norte, China, Francia, Latinoamérica, empresas privadas etc. En los videos se maneja un lenguaje enérgico, sencillo y relajado -hechos a los cuales atribuyo su gran popularidad- además muestran datos históricos relevantes para argumentar sus opiniones, su contenido audiovisual está lleno de videos alusivos a los temas e incluyen música de estilo rock.

Una imagen vale más que mil palabras, y un video vale más que mil imágenes, así que te dejo el link al canal:

VisualPolitik

https://www.youtube.com/channel/UCJQQVLyM6wtPleV4wFBK06g

"EL PULSO DE LA REPÚBLICA"

Irreverente, informal, divertido e informativo, es como describo a esta especie de "noticiero mexicano" en un YouTube. El Pulso de la República maneja un lenguaje sencillo, graciosos, sarcástico y en algunas ocasiones vulgar; está dirigido a un público joven que busca informarse de los acontecimientos recientes que suceden en México, a la vez de reír y mofarse con los comentarios cómicos que su presentador realiza a lo largo de los videos.

Mucho se critica a este canal en YouTube por su manera irreverente de presentar las noticias, pero yo sostengo que gracias a este tipo de iniciativas la juventud mexicana -me incluyo- se ha interesado por la política de nuestro país.

Link al canal:

https://www.youtube.com/user/elpulsodelarepublica

La muerte de los medios de comunicación tradicionales es inminente (periódicos, noticieros), formatos que están quedando obsoletos y no son nada atractivos para las generaciones venideras; ya la radio y la televisión no son los principales medios de comunicación, sino que han sido remplazados por los medios de comunicación digitales.

La manera de ganarnos la simpatía de los futuros votantes será creando nuestros propios medios de comunicación, como dijo el ex presidente del gobierno español Felipe Gonzáles: "Si quieres trasformar la realidad no puedes estar anclado en 100 años atrás. Tienes que saber en qué mundo vives y aceptarlo para cambiarlo".

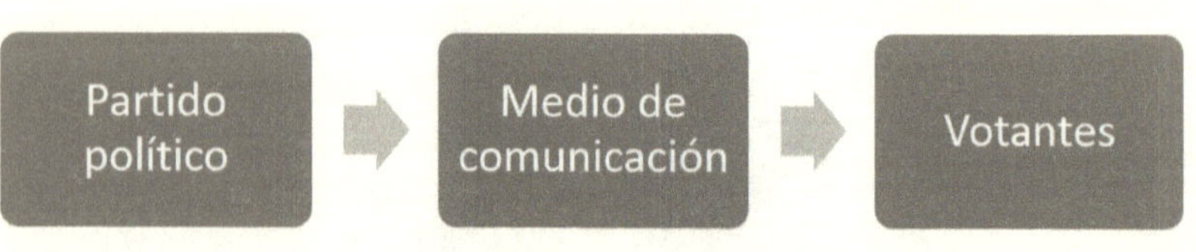

Capítulo 6. Contenido viral

Cuando un contenido en el mundo de internet es difundido una exorbitante cantidad de veces se dice que el contenido se ha viralizado. Todos hemos visto en nuestros muros de Facebook videos de gatitos cometiendo actos de ternura, memes graciosos, videos de caídas chistosas, noticias impactantes y muchas más publicaciones que por alguna razón se han compartido millones de veces. Este gran número de interacciones ha dado como resultado que no ver aquellas publicaciones   sea   prácticamente imposible.

Para entender de qué manera funcionan los contenidos virales es preciso conocer la definición de virus, de acuerdo con el Dr. Enrique Cruz Guzmán: "Los virus son partículas que al tener contacto con el cuerpo humano penetran a nuestras células y se replican dentro de las mismas, lo que implica que contaminen las células con las que tenga contacto y producirnos enfermedades que incluso podrían ser mortales. Todo el tiempo estamos expuestos a la infección y propagación por virus". Gracias a esta definición el término "viral" se utiliza para denominar aquello que se propaga a mucha velocidad y de manera exponencial.

Lograr que un contenido sea viral es uno de los objetivos de cualquier estrategia publicitaria. Capitalizar este fenómeno social nos permite hacer que nuestro mensaje llegue a millones de personas de forma instantánea y prácticamente sin ningún coste.

Productos, servicios y artistas se han beneficiado de la viralidad de contenidos, en años pasados lograr que tu comercial fuera visto por millones de personas costaría una fortuna, hoy en día y con la viralidad de contenidos, crear comerciales que impacten a audiencias internacionales está al alcance de unos pocos "clics".

Cómo crear contenido viral

Me gustaría darte una fórmula exacta que permitiera que todos tus contenidos fueran virales, sin embargo, ofrecerte algo así sería mentir, sin mencionar que si dicha fórmula existiera todos los contenidos serían virales y por consecuencia la viralidad dejaría de existir como la conocemos. La viralidad de contenidos es una técnica inexacta, por el simple hecho de que los pilares de su funcionamiento son las personas, y las personas son sistemas complejos: impredecibles e incalculables.

Al igual que sucede con la ciencia económica, no existen fórmulas que nos permitan predecir con toda seguridad cual será el comportamiento de alguna interacción, no obstante, sí puedo ofrecerte ciertas pautas que incrementarán la probabilidad de que tu contenido sea viral.

¿Recuerdas la historia que te conté al inicio de este libro? En ella mencioné cómo logré con una simple publicación en Facebook obtener más de 300 clientes para mi primer negocio y de manera gratuita. En aquella época yo no era consciente de los elementos que lograron que mi publicación fuera viral, sin embargo, en este libro y por primera vez, vamos a analizar a detalle aquella publicación; porque entenderla nos permitirá develar las claves de la viralidad de contenidos.

5 TRUCOS PARA APROBAR TUS EXAMENES

Esta es la primera imagen del álbum de fotos que publiqué en Facebook para promocionar mi negocio. Entre los años 2016 y 2017 yo me dedicaba a resolver tareas y exámenes de matemáticas y física a estudiantes de preparatoria e ingeniería de diferentes partes de México y en algunas ocasiones de España y Latinoamérica. Mis clientes eran estudiantes, por lo que decidí crear esta publicación puesto que en el fondo sabía que a los estudiantes una publicación con este título "5 trucos para aprobar tus exámenes" les sería irresistible de escudriñar.

De lo que no me percaté, sino hasta tiempo después, es que la fecha de publicación de este álbum coincidía con las fechas de aplicación de los exámenes en las Universidades. También que una de las imágenes del álbum se prestaba para un debate "de alguna manera polémico":

Justo en el consejo numero 3 recibí más de 200 comentarios de personas atacando la premisa de la imagen, algunos simplemente eran ofensivos y otros trataban de explicar de manera científica porque su punto de vista era correcto y el mío incorrecto. Aunado a esto tuve la infortuna, o quizás fortuna de cometer un error de ortografía al escribir la palabra "descansa" en el consejo 4 - perdóname la vida, siempre se me han facilitado mejor los números y los algoritmos que las letras -.

Aún con todos estos elementos aparentemente negativos mi publicación tuvo 3 millones de interacciones, entre comentarios y likes.

Basándonos en el caso de estudio anterior podemos decir que las probabilidades de crear contenido viral aumentan cuando se siguen las siguientes pautas:

Contexto y tendencias

Nadar en dirección de la corriente siempre facilitará el trabajo del nadador, lo mismo aplica con la viralización de contenidos. Debemos aprovechar el contexto y las tendencias del momento para viralizar nuestro contenido, por ejemplo, el hecho de que mi publicación sobre consejos para aprobar exámenes académicos coincidiera con las fechas de aplicación de los exámenes en las Universidades fue un elemento clave, ya que los estudiantes estaban predispuesto a darle clic a cualquier cosa que tuviera relación con este acontecimiento inminente.

Podemos valernos de fechas especiales, eventos recientes, productos y personajes de moda para crear contenidos susceptibles a ser viralizados. Por ejemplo, podemos usar el día del amor y la amistad, navidad, la copa mundial de la FIFA, alguna frase célebre dicha por el artista del momento, o cualquier otra cosa que sea un "*trend topic*" del momento.

También es posible crear tendencias, un ejemplo de ello es el "*Ice bucket challenge*" que fue una campaña publicitaria para apoyar a los enfermos de esclerosis lateral amiotrófica. El reto consistía en vaciarse una cubeta de agua helada y después de esto nominar a otra persona para que realizará la misma hazaña; así cientos de artistas, personas famosas e internautas de todo el mundo participaron en el reto, a la par que se recaudaron millones de dólares en donaciones. ¿Pero cómo crear tendencias? La respuesta está en los *Influencers*.

La teoría sociológica de la difusión de las innovaciones nos ayuda a entender de qué manera se propagan las modas y tendencias, según el sociólogo Everett Rogers la representación gráfica de la adopción de una nueva idea tiene forma de campana de gauss, lo que significa que la propagación de las ideas se inicia en un punto minúsculo hasta llegar a un punto máximo de difusión y después de esto comienza a decrecer hasta extinguirse. Rogers agrupa a la población según su predisposición a crear o adoptar nuevas ideas.

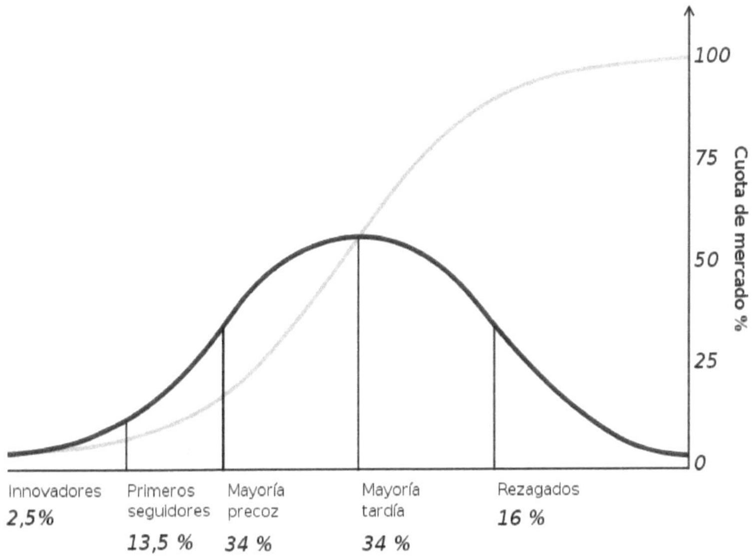

Los **innovadores** son las personas que crean las tendencias. Estas personas son las que no tienen miedo a arriesgarse y proporcionar el cambio. Cuando un *influencer-* no necesariamente una persona famosa en el ámbito artístico- juega el papel de innovador se crean las modas y tendencias.

Una vez que el innovador ha proporcionado una pauta para crear una moda o tendencia le siguen los *"early adopters"* o **primeros seguidores**. Estas son las primeras personas que después de haber visto aquella moda o tendencia se suman a la ola del cambio. A diferencia de los innovadores, los primeros seguidores no son generadores de ideas, sin embargo, gracias a ellos es que cualquier idea puede convertirse en tendencia, debido a que son ellos los responsables de replicar e incentivan al resto de espectadores a sumarse a la causa, logrando que aquella nueva propuesta sea difundida con mayor rapidez.

Cuando la nueva idea es adoptada por la **mayoría temprana** alcanza su punto máximo de difusión, es decir, aquella idea aparece en "todos lados", es presentada en la mayoría de los establecimientos, medios de comunicación o comienza su venta en masa, hecho que indica la inminente desaparición de la moda o tendencia.

Por último, la **mayoría tardía** y los **rezagados** son aquellos sectores de la población mucho más conservadores, los cuales adoptan dicha tendencia o moda porque "no les queda de otra". Siguiendo el modelo de la difusión de las innovaciones podemos concluir que una idea se volverá una tendencia si logra penetrar a un 15% del mercado objetivo.

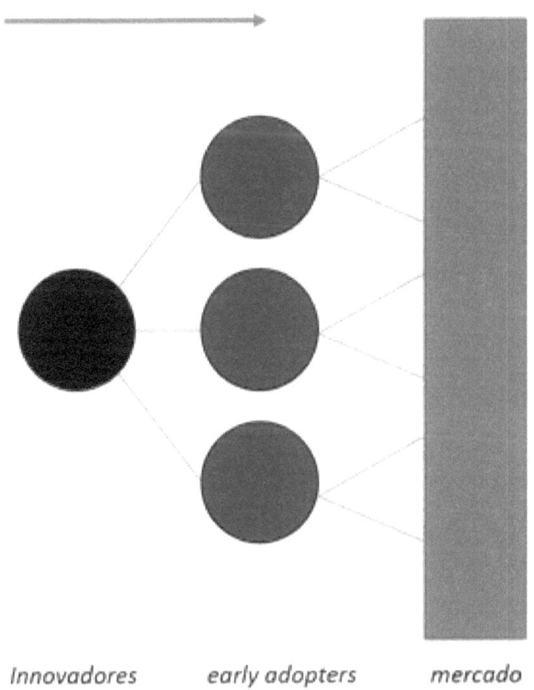

Polémica

Crear publicaciones que inciten al debate siempre será una buena idea para viralizar nuestro contenido. En primera instancia porque obliga a las personas a polarizarse y discutir entre ellas, a veces con argumentos válidos y razonables, y muchas otras veces simplemente expresando agresión en contra de sus opositores. Por ejemplo, puedo mencionar el famoso caso de una imagen que mostraba un vestido el cual era percibido por algunos internautas de color azul y por otros de color blanco. Dicha imagen le dio la vuelta al mundo y obligo a los espectadores a posicionarse en uno de los dos bandos: aquellos que veían al vestido de color azul y los otros que lo veían de color blanco.

La controversia también es un elemento que produce viralidad, es de conocimiento general que una de las estrategias de *marketing* más efectivas usadas por artistas y actores es generar polémica entre sus espectadores. La controversia mantiene el suspenso entre aquellos que reprueban las acciones de su artista favorito del momento y los que la justifican. En los últimos meses un ejemplo de esto es la gran cantidad de memes -más de mil- que se han generado en referencia a un tema tan controversial como lo es la legalización del aborto en México.

Frases persuasivas

Los títulos representan el 80% del éxito de un post en Facebook. Si no logramos que el usuario haga clic a nuestro enlace, de nada servirá haber creado un maravilloso contenido lleno de información de valor. Estos títulos deben despertar la curiosidad y el interés del espectador, provocar emociones positivas, negativas o simplemente proporcionar alguna información relevante o útil para los usuarios. Cabe mencionar que los títulos cortos en la mayoría de los casos funcionan mejor que los títulos largos.

Para atraer la curiosidad del lector podemos usar frases que contengan las siguientes palabras:

- ¿Por qué…?
- Descubre cómo…
- Te sorprenderá…
- Lo que siempre quisiste saber…
- La diferencia entre, como mejorar, alternativa a, datos curiosos sobre…
- 5 errores sobre, no hagas, 9 cosas que tú…

Proporcionar información útil para el lector:

- 5 cosas que necesitas, la mejor manera, cómo hacer…
- Guía para principiantes, lo que puede enseñarte….

Realizar comparaciones o citar a gente famosa del momento:

- Los 10 mejores… Porque A es mejor que B.
- Los secretos de… Los consejos de…

Los dos tipos de contenidos virales en las Redes Sociales

- <u>De entretenimiento:</u> Su principal función es provocar alguna emoción entre los espectadores, tanto positivas como la alegría, la ternura, la risa; como las negativas: el enojo, la tristeza, miedo, vergüenza, etc. Cuanto mayor sea la intensidad de la emoción que evoque nuestro contenido, mayor será la probabilidad de que se viralice. Es en esta categoría que encontramos los videos de caídas graciosas, reflexiones sobre la vida, animalitos tiernos, imágenes graciosas, espectáculos callejeros impresionantes, memes, imágenes hermosas, fragmentos de canciones y películas, en fin, cualquier tipo de contenido que exponga un aspecto emocional de la vida del ser humano.

- <u>Informativos:</u> Su objetivo es dar a conocer algún tipo de información de manera atractiva, datos curiosos, videos explicativos o aclaratorios, noticias recientes, por ejemplo, mi publicación "5 trucos para aprobar tus exámenes" entraría dentro de esta categoría. Este tipo de contenidos son lo que generan valor para el usuario y son el contenido ideal para ser usados por las empresas y partidos políticos porque no afectan nuestra economía moral, en la siguiente sección del capítulo abordaré este tema.

Si quieres conocer de manera científica cómo funciona la viralidad de contenidos puedes ver los detalles de mi "Tesis sobre la viralidad de contenidos" en [http://inmbi.com/libro/]

Economía moral

De nuevo me encuentro usando otro término nacido en el corazón de las Ciencias Sociales, pero dándole una aplicación al mundo de la publicidad. El término economía moral fue acuñado por el historiador E.P. Thompson para explicar el comportamiento popular en los motines de subsistencias del siglo XVIII. Su uso se ha generalizado para explicar los comportamientos económicos en función de los valores morales y códigos culturales. Y en este libro definiré a la economía moral como una ética de trabajo -en este caso trabajo publicitario-, que asegura el bienestar de una empresa.

Imagina por un momento que la página de Facebook de tu marca preferida compartiera imágenes y videos de humor todo el tiempo. Esta acción la llevaría a perder la seriedad de su producto, y de esta manera resultaría contraproducente. Por el otro lado si esta misma página sólo publicara comerciales acerca de su producto, difícilmente sería seguida por los internautas. Esto debido a que el proceso de ventas es de alguna manera forzado. Las personas no interactúan con comerciales de ventas, me atrevería a decir que de no ser por la persistencia del algoritmo de Facebook y uno que otro error de dedo, las campañas de "ventas" en Redes Sociales serían un fracaso.

Entonces, ¿cuál es el contenido adecuado que debemos publicar en nuestras redes sociales? La fórmula ganadora se encuentra en la intersección estratégica de dos tipos de contenidos.

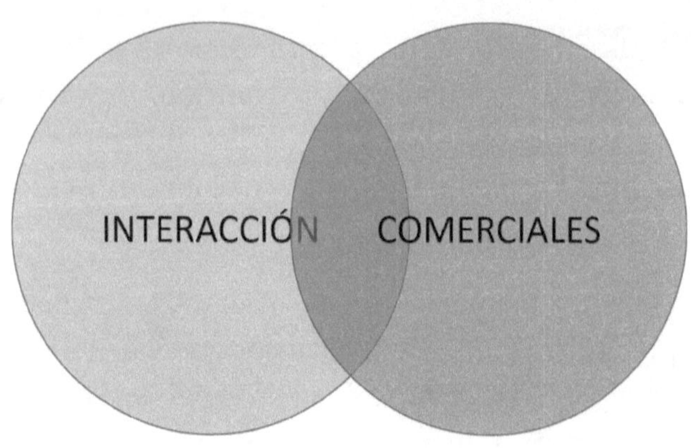

Interacción + comerciales = ventas

<u>Interacción:</u> Contenido susceptible a ser viralizado, ataca a un segmento muy general de la población. Por ejemplo, comunidades de estudiantes, profesionistas, deportistas etc. Este tipo de contenidos producen dinamismo con el usuario, éste comparte, comenta y debate en comerciales que no son comerciales. En esta fase aún no conseguimos ventas o votantes; sin embargo, sucede un *"awareness"*, es decir, un descubrimiento por parte del espectador de la existencia de nuestro producto – y conseguimos que le den LIKE a nuestra página de Facebook-.

Veamos un ejemplo de este tipo de publicaciones, en este caso es una imagen compartida en el Facebook de la empresa "El Palacio de Hierro", quienes operan 22 tiendas departamentales de lujo en México.

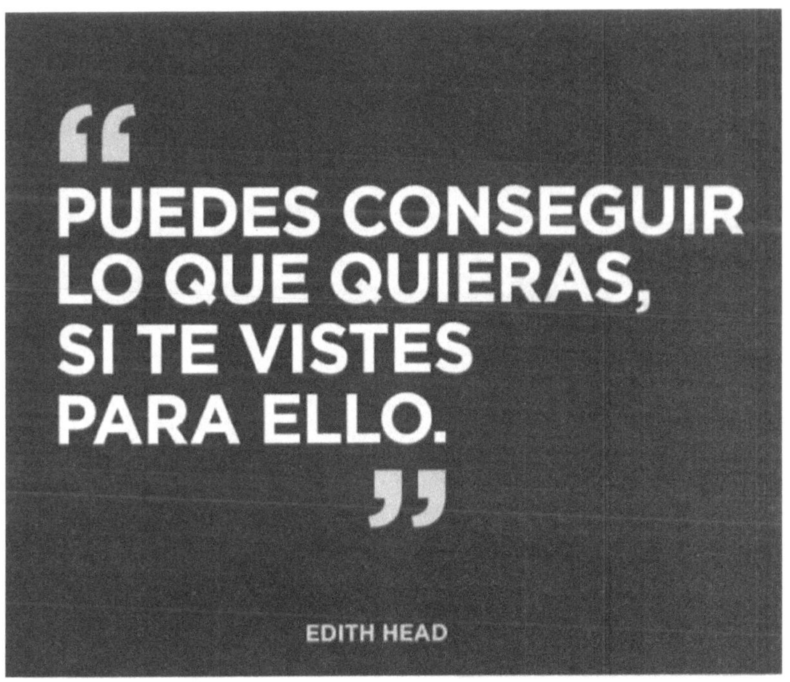

<u>Comerciales:</u> Contenido cuyo objetivo es vender cualquier tipo de producto o servicio. Una vez teniendo interacciones orgánicas, la suma de éstas más las campañas pagadas nos darán un alcance mucho mayor. Nuevamente veamos un ejemplo de la empresa el Palacio de hierro.

Hemos visto que para lograr conseguir ventas o votos debemos usar una combinación de contenido de <u>interacción</u> con contenido <u>comercial</u>, pero ¿qué tan frecuente puedo publicar uno u otro para no afectar a la economía moral de mi Red Social? La respuesta es uno a cuatro. Por cada publicación comercial deberás crear 4 publicaciones de interacción, de esta manera nos aseguramos tener a nuestra audiencia enganchada a la Red Social y al mismo tiempo conseguimos incrementar las ventas de nuestro producto.

El mundo se ha dividido en 2 ecosistemas:

* **Mundo** *offline*: También lo llamo mundo tradicional, mundo físico o tangible. Hay muchas cosas del mundo *offline* que son irremplazables, como lo es una plática "cara a cara" o darle un abrazo a un ser querido.

* **Mundo** *online*: Es el mundo digital. Todo en el mundo *offline* tiene su réplica en el mundo *online*. Aquí encontramos a las Redes Sociales, el internet, y en suma todos los dispositivos inteligentes con conexión a la red de redes.

Con la llegada de este "mundo *online*" ha surgido la reputación digital. Esta es la percepción que el mundo entero tiene de una persona, marca, grupo o cosa. Es tan fundamental este término, que en el fondo la misión del marketing digital es la de crear una buena reputación digital. Y no quiero que me mal entiendas, no estoy diciendo que la reputación digital sea algo diferente a la reputación tradicional, la reputación digital surge cuando tus acciones cometidas en el mundo *offline* son grabadas, retransmitidas, reportadas, comentadas o escritas en el mundo *online*.

Pasos para tener una reputación digital saludable:

* ❖ Participar en las Redes Sociales: A lo largo de este libro hemos descubierto cómo hacerlo.

* ❖ Tener un sitio web: Es imprescindible tener un sitio web o un blog en donde puedas compartir información de valor para tus seguidores.

* ❖ *Networking*: Asistir a eventos, crear contactos con gente de tu sector, aparecer en diversos medios de comunicación tanto digitales como tradicionales y hacer colaboraciones (escribir artículos, aparecer en videos, participar en grupos y foros especializados).

* ❖ Actuar como un profesional: Aléjate de la polémica (a menos que sea parte de tu estrategia publicitaria).

* ❖ Gestionar las crisis de manera efectiva: Siempre van a existir los comentarios negativos de las personas, es de vital importancia saber lidiar con ellos y no ignorarlos.

¿Cómo saber que tan buena o mala reputación digital tiene un producto? Fácil, googlea el nombre de ese producto y navega en los resultados de búsqueda. Visita su página en Facebook y revisa los comentarios en sus publicaciones.

Empezaré esta sección del capítulo con el caso de Domino´s pizza en Perú. Conocer este caso nos permitirá entender el alcance que la reputación digital puede llegar a tener sobre el éxito o fracaso de un negocio.

"Una cucaracha en mi pizza. La historia no es grata es nauseabunda… Me comuniqué con la cadena de pizzas y le pedí que me regresaran mi dinero a lo que se negaron…" palabras más, palabras menos, publicó el peruano Carlos Navea en su Facebook, junto con una foto del incidente. Más tarde repitió la misma acción, pero esta vez en Twitter.

Dicha publicación se viralizó en las Redes Sociales, a tal punto de que decenas de personas se sumaron a la causa y denunciaron incidentes parecidos con la cadena de pizzas estadounidense. Debido a la gran polémica, las autoridades peruanas tomaron cartas en el asunto y decidieron inspeccionar varias sucursales de la región, y en muchas de estas, se les negó el acceso; por lo que las autoridades clausuraron aquellas que no colaboraron con la investigación.

"El problema peruano llegó a Estados Unidos luego de que un usuario colocara la denuncia de Navea en el muro de Facebook del Domino's de ese país. Pero ya no se limitaba a la experiencia de Navea, sino también al supuesto hallazgo de excremento de roedores en otras sucursales peruanas de la pizzería. Es en ese momento cuando se produce la decisión desde Michigan, sede central de Domino's. -Estamos impresionados y horrorizados por esta situación, que es inaceptable en muchos niveles- dijo Tim McIntyre, vicepresidente de comunicaciones de la empresa. El resultado fue que, desde la sede de la multinacional en Michigan, Estados Unidos, llegó este lunes la orden de que se cierren temporalmente todas las franquicias de Domino's en Perú." Fragmento de la BBC del año 2015.

Todas las franquicias de Domino´s en el Perú fueron cerradas en el año 2015 y todo inició con una publicación en Facebook que se viralizó, con esta historia podemos entender el alcance que tienen las Redes Sociales tanto en los aspectos positivos, como en la posibilidad de promocionar nuestro producto de manera internacional, o los negativos, en este caso que una publicación en Facebook ocasione el quiebre de una empresa.

La manera correcta de gestionar una crisis en Redes es, en primera instancia, evitar cualquier tipo de incidentes con tus consumidores en el mundo físico; Una vez resuelto esto veamos cómo reaccionar ante comentarios negativos en nuestras Redes Sociales:

> ❖ Supervisar los comentarios: Monitorizar todo aquello que se dice sobre tu marca, de esta manera podrás resolver cualquier tipo de incidente a tiempo.

> ❖ No borres los comentarios negativos: Algunas personas creen que con borrar aquel comentario perjudicial para su marca el problema desaparece, lo cual es una grave equivocación, primeramente, porque ocasiona que la furia del usuario incremente y segundo porque propicia la sensación de que la marca no escucha ni se preocupa por sus usuarios.

❖ Acepta los errores y ofrece soluciones: Recuerdas la frase "El cliente siempre tiene la razón", pues lo mismo ocurre en el caso de las Redes Sociales, algunas críticas pueden ser muy constructivas para nuestra marca y podemos valernos de ellas para mejorar la calidad de nuestros productos.

❖ Di no a las mentiras: Es mejor reconocer la verdad y asumir las consecuencias. Pedir disculpas a tiempo y ofrecer una compensación por los daños, puede evitar una crisis. Cabe mencionar que no todos los comentarios negativos necesariamente desembocan en una crisis.

❖ Tranquilidad y paciencia: Algunas veces los comentarios negativos son creados por nuestra competencia con el fin de desprestigiarnos o simplemente por *trolls* de las Redes Sociales. Generalmente, el alcance de este tipo de comentarios es irrelevante, en este caso lo recomendable es no caer en provocaciones y preguntar de manera precisa y educada la causa del descontento a nuestro usuario.

❖ Comunicados: si un incidente ocasionó un volumen de críticas demasiado elevado, y nos es imposible ofrecer una respuesta individual a todos esos usuarios, lo mejor será crear un comunicado en donde se explique qué ha ocurrido y qué acciones realizara nuestra empresa para reparar las molestias ocasionadas.

¿Qué sucede después de una crisis en las Redes Sociales? Debemos analizar la situación, encontrar la causa que ha originado aquel conflicto, comprobar si nuestra manera de reaccionar fue la mejor, tomar nota de lo sucedido y crear un plan de gestión de crisis para futuros eventos similares. Lo ideal es prevenir y anticiparse a cualquier futuro acontecimiento crítico, por lo que crear un manual o plan de gestión de la crisis resulta favorecedor para cualquier marca.

Capítulo 8. ¿Las Redes Sociales ganan elecciones?

La respuesta rápida es sí. Pero dicha respuesta está acotada por diversos factores. Las redes sociales ganan elecciones cuando:

* En tu país existe democracia.
* Tus acciones y propuestas en Redes Sociales son congruentes con tus actos en el mundo tangible.
* Tienes un embudo de comunicación fuerte.
* Obedeces a las 3 leyes de la supervivencia política.

Como puedes notar no sólo se trata de usarlas Redes Sociales, se tratar de ser genuino tanto en el mundo digital como en el mundo tangible. Considero que la pregunta "¿Las redes sociales ganan elecciones?" Está mal planteada por todo el mundo, y me incluyo. La interrogante no debería plantearse así, porque no existe una respuesta contundente. La verdadera pregunta es: ¿Cuál es el mejor medio publicitario para promocionar mi candidatura o a mi partido político? Esta pregunta tiene una respuesta clara y dicha respuesta es "las Redes Sociales".

Es tu deber como publicista, empresario o futuro candidato político utilizar el poder de las Redes para promocionarte; crear embudos de comunicación que permitan fidelizar a tus clientes; ser honesto y genuino con tus propuestas, y atender a las necesidades de esta nueva sociedad del conocimiento.

Está claro que la nueva forma de hacer publicidad es mediante plataformas digitales; puede que en el futuro las grandes plataformas que conocemos como Facebook o Google sean remplazadas por otras, pero esto no significa que el *marketing* digital cambie, en esencia el *marketing* sigue siendo *marketing*.

En el mundo digital los cambios suceden a niveles exponenciales, por lo que es de vital importancia mantenerse en un proceso de aprendizaje continuo, y no solamente debemos leer acerca de *marketing*, sino que debemos complementar nuestra formación con otras ciencias tales como: la Economía, la Sociología o la Psicología.

En las páginas de este libro encontraste la respuesta que buscabas a la pregunta ¿Las Redes Sociales ganan elecciones? O al menos aprendiste a reformularla. También te enseñé cómo crear propuestas genuinas, no únicamente en el ámbito político, sino que todo lo aprendido aquí se puede aplicar en el ámbito empresarial.

Mis mejores pensamientos fueron plasmados en este libro y compartí contigo mi visión de un futuro prometedor. Para terminar mi último párrafo quiero parafrasear al inmortal Napoleón Hill: "Nos hemos conocido a través de estas páginas".

Acerca del autor

GERSON MORALES (Director General de INMBI agencia de digitalización). Especialista en marketing digital y marketing analytics. Desarrollador frontend. Publicista, activista político y matemático por pasión.

Sígueme en mis redes sociales:

https://www.facebook.com/Gerson-Morales-132694464066448/

http://inmbi.com/

https://twitter.com/GersonMorales_E

El Neuro-marketing o Neuro-publicidad es una nueva disciplina que surge como un entretejido de conocimientos de otras ciencias, tales como la Psicología, Antropología, Biología y Neurociencias entre las principales. Cuyo objetivo es estudiar el comportamiento del consumidor, y medir los efectos que la publicidad tiene sobre ellos.

La publicidad moderna pasó de ser un esfuerzo intuitivo y creativo, a ser el resultado de investigaciones científicas y el análisis de grandes cantidades de datos estadísticos. Veamos un ejemplo práctico de cómo se aplica la Neuro-publicidad.

Caso: Incrementar las ventas de croquetas para perro.

Estudio: Una vez investigado el comportamiento del consumidor, se descubre uno de los principales *insights* (término que se refiere a un indicador clave de algún tipo de comportamiento. En nuestro caso el *insight* se refiere a un indicador de compra); es la estrecha relación emocional que tienen las personas con sus amigos caninos, a tal punto de que la mayoría tratan a sus mascotas como si fueran otros seres humanos, inclusive algunos llegan a probar las croquetas para perros para determinar su sabor, y de esta manera decidir si seguir comprando dicha marca o no.

Insight clave: El perro es tu otro hijo, no un animal.

Solución: Utilizaremos un elemento característico entre el consumo de los humanos y lo llevaremos a nuestro producto de alimento para perros. En este caso los padres de familia están habituados a comprar cereales para sus hijos, por lo cual nuestro empaque de alimento para perros deberá tener la misma semiótica que un cereal para humanos.

Continuando con la explicación teórica de qué es Neuro-publicidad, nos basáremos en el concepto de los "3 cerebros" desarrollado por el neurocientífico Paul Maclean.

Cerebro reptil -> Tallo cerebral, funciones instintivas y programadas tales como respirar, y la supervivencia.

Cerebro límbico -> Sistema límbico, las experiencias se convierten en emociones, funciones tales como la atracción sexual y no arrojar a tu bebé a un bote de basura cuando te levanta a las 3 am y tienes que cambiarle el pañal.

Cerebro cortical -> Neocórtex, razonamiento, aprendizaje y lógica.

En un anuncio publicitario siempre debemos incluir elementos que aluden a los 3 cerebros. Dependiendo del tipo de producto o servicio deberíamos de cargar el mensaje hacia uno de los 3 sesgos.

Ejercicio para crear comerciales eficientes:

Si nuestro producto o servicio es de **consumo planificado** (ocurre cuando el consumidor a previsto lo que comprará, por ejemplo adquirir una casa, un automóvil, contratar un agente de ventas etc.), la mayor carga debe de estar en el sesgo lógico-emocional (cerebro cortical y cerebro límbico), en cambio, si nuestro producto es de **consumo impulsivo** (se le llama así a las compras que no son planificadas y que generalmente producen placer en el consumidor por ejemplo las golosinas, chocolates, accesorios etc.), la mayor carga debe estar en el sesgo reptil-emocional (cerebro reptil y cerebro límbico).

A continuación, rellena la tabla de la página siguiente, poniendo especial énfasis en el tipo de sesgo al cual pertenece tu producto. Tú mensaje publicitario se encontrará en las respuestas de dicha tabla.

- ❖ En los primeros segundos, ¿cómo puedo hacer que mi comercial cause placer o curiosidad?
- ❖ ¿Cómo puedo representar de manera metafórica el dolor que resuelve mi producto?
- ❖ ¿Cómo mi producto permite al consumidor ahorrar energía (tiempo, dinero)?
- ❖ ¿Cómo puedo representar un antes, y un después de usar mi producto?

❖ ¿Con cuáles recuerdos que provoquen felicidad y nostalgia puedo relacionar mi producto?

❖ ¿Cómo puedo elogiar de manera indirecta a mi consumidor?

❖ ¿Cómo puedo mostrar que existe un confort inherente a la experiencia de usar mi producto?

❖ ¿Cuáles son las aspiraciones de mi público objetivo (por ejemplo: casarse/tener dinero/terminar la universidad/conocer gente nueva etc....) y ¿cómo puedo mostrar que usar mi producto los impulsa a dicho objetivo?

❖ ¿Qué datos ligeros (cortos, precisos y relevantes) puedo mostrar acerca de mi producto?

❖ ¿Cómo puedo contrastar mi producto con otros similares, y mostrar sus ventajas?

❖ ¿Por qué el consumidor gana al adquirir mi producto, es decir, por qué la relación costo-beneficio es alta (permite ser más productivo, acceder a un nuevo estatus social, facilita una tarea etc.)?

> *"El futuro ya está aquí y es digital"*- anónimo

Solo existe un tipo de libros que pueden considerarse buenos, aquellos que después de leerlos te cambian la manera de ver al mundo. "¿Las redes sociales ganan elecciones?" es uno de ellos.

Con este libro descubrirás los métodos utilizados por las grandes corporaciones para introducir nuevos productos, servicios y partidos políticos al mercado, basándonos en el uso de las Redes Sociales y técnicas digitales que están al alcance de todos. El objetivo de este libro es enseñarte a crear publicidad efectiva, de bajo coste y atractiva para la mayoría de los consumidores y votantes.

En este libro se retratan como las Redes Sociales están afectando el mundo de la política y de las marcas comerciales en todo el mundo. También contesto a varias interrogantes como: ¿Qué es el inconsciente colectivo? ¿Cómo utilizar un embudo de comunicaciones para potenciar las ventas de mi empresa? ¿Cómo usar las Redes Sociales para obtener votantes? Y ¿Cuál es el destino de la política en la era digital?